Monachium i Bawaria

The best of...

Schloss Linderhof
Niewielki barokowy pałacyk o doskonałych proporcjach wygląda niczym wyjęty z bajki. Jeszcze bardziej niezwykłe są pełne przepychu wnętrza, z których największe to sypialnia z ogromnym świecznikiem na ponad sto świec. (s. 72)

Königssee
Najczystsze jezioro w Niemczech jest usytuowane w przepięknej okolicy między masywem Watzmanna i pasmem Hagengebirge. Ma 8 km długości, 1,25 km szerokości i średnią głębokość 150 m. Rejs po sięgającym 602 m n.p.m. lustrze wody to prawdziwa przyjemność. (s. 81)

Katedra w Ratyzbonie
Wspaniała gotycka świątynia dzięki dwóm ogromnym wieżom o wysokości 105 m jest widoczna już z daleka. Wnętrze skrywa drogocenne zabytki, a także Domschatzkammer, czyli katedralny skarbiec, w którym zgromadzono sakralne przedmioty z ostatniego tysiąclecia. (s. 84)

Norymberga
Dzisiejsze śródmieście z dominującą powojenną zabudową w niczym nie przypomina tego z czasów średniowiecza. Odbudowano jednak większość głównych zabytków, dzięki czemu jest tu co oglądać. Znaczna część atrakcji skupia się w ścisłym centrum. (s. 94)

Bamberg
Urocze miasteczko przyciąga wielu turystów piękną starówką, wpisaną na Listę Światowego Dziedzictwa Kulturalnego i Przyrodniczego UNESCO. Uwagę zwraca wspaniały Stary Ratusz na wysepce pośrodku rzeki Regnitz, którego fasadę zdobią kolorowe freski. (s. 105)

Monachium

Altstadt w Monachium

Monachijska starówka przyciąga turystów wspaniałymi kościołami, rezydencją Wittelsbachów i renesansową mennicą. Na Marienplatzu dominuje Fischbrunnen – ponoć zanurzenie w fontannie pustego portfela w Środę Popielcową sprawia, że wkrótce napełnia się on pieniędzmi. (s. 37)

Residenz

Ogromna monachijska siedziba Wittelsbachów została wzniesiona pod koniec XIV w. Najważniejsza instytucja pałacu – Residenzmuseum – zajmuje najbardziej atrakcyjną jego część. Placówka jest tak wielka, że część jej pomieszczeń otwierana jest rano, a część po południu. (s. 44)

Alte Pinakothek

W najsłynniejszym monachijskim muzeum można obejrzeć prace takich mistrzów, jak Albrecht Dürer, Grünewald, Cranach starszy, Rubens, van Dyck, Memling, Pieter Breughel starszy czy Jan Breughel, a także Rafael, Tiepolo i Leonardo da Vinci. Ogromne zbiory malarstwa gromadzono od XIV w. (s. 49)

Englischer Garten

Ten wspaniały park krajobrazowy w zamierzeniu miał odzwierciedlać pierwotne siły natury, pozbawione ingerencji człowieka. Na jego terenie wznosi się Bawarskie Muzeum Narodowe z bogatymi zbiorami. Na uwagę zasługują także Państwowe Zbiory Archeologiczne. (s. 51)

Garmisch-Partenkirchen

Ga-Pa to przyjemny ośrodek sportów zimowych z ładną zabudową, choć pozbawioną specjalnych zabytków. Centrum Garmisch stanowi Richard-Strauss-Platz ze współczesną fontanną, do którego przylega Kurpark (park zdrojowy) będący przyjemną oazą zieleni. (s. 65)

Spis treści

— Zoom
Zielone Monachium **10**

— Monachium: 24 godziny **12**

— Warto wiedzieć
Na dobry początek **14**

Środowisko naturalne **16**

Historycznie **18**

Kulturalnie **20**

Guten Appetit! Smacznego! **22**

Na zakupy! **24**

Sprechen Sie Deutsch? **28**

Z dziećmi **30**

Imprezy i festiwale **32**

Zwiedzanie Monachium i Bawarii

- **Monachium 36**

    Altstadt **37** | Residenz **44** | Na północ od Altstadt **47**
    Na wschód od centrum **51** | Olympiapark i okolice **53**
    Inne atrakcje... **54** | Okolice Monachium **58**

- Gdzie zjeść i spać **60**

- **Bawaria 64**

    Alpy i Górna Bawaria **64** | Wschodnia Bawaria **84**
    Frankonia **94** | Południowo-zachodnia Bawaria **125**

- Gdzie zjeść i spać **138**
- Musisz wiedzieć **146**

WWW.ITAKA.PL

Nr 1 w Polsce*

*) Ranking Wiadomości Turystycznych Touroperatorzy
RAPORT 2012; RAPORT 2013; RAPORT 2014; RAPORT 2015

Hofgarten

Zielone MONACHIUM

Gdy wielkomiejski zgiełk stanie się męczący, zgromadzone w pinakotekach dzieła sztuki przyprawią o zawrót głowy, a w słynnym *Hofbräuhaus* spróbujemy już lokalnych przysmaków, warto odkryć drugie oblicze Monachium – miasta parków i ogrodów.

Hofgarten

Kilka minut od Marienplatz, tuż przy Residenz znajduje się Hofgarten – najstarszy monachijski park. Historia tego XVII-wiecznego ogrodu była burzliwa, wielokrotnie zmieniano jego charakter.
Po II wojnie światowej odtworzono oryginalny układ ogrodu w stylu włoskim, z symetrycznymi alejkami, fontannami i centralnie położoną Dianatempel – Świątynią Diany, pawilonem zaprojektowanym w 1615 r. przez Heinricha Schöna. W Hofgarten przetrwała atmosfera dawnego Monachium – miasta arystokracji i kultury dworskiej.

Alter Botanischer Garten

Pomiędzy Altstadt (Starym Miastem) a monachijskim dworcem kolejowym rozciąga się urokliwy park miejski – Alter Botanischer Garten, który powstał na początku XIX w. na terenie dawnych ogrodów botanicznych. Zwiedzając go, warto zajrzeć do Kunstpavillonu, parkowego pawilonu, gdzie cyklicznie odbywają się wystawy prac monachijskich artystów. Znajduje się w nim także słynna fontanna Neptuna, a leżący w zachodniej części parku ogród piwny cieszy się dużą popularnością wśród monachijczyków i turystów.

Ogród Botaniczny

Zaledwie kilka kilometrów od centrum miasta na zwiedzających czeka niespodzianka – imponujący, zajmujący ponad dwadzieścia hektarów Ogród Botaniczny i sąsiadująca z nim dawna letnia rezydencja rodu Wittelsbachów – Nymphenburg, jeden z najpiękniejszych kompleksów pałacowo-parkowych w Europie. Na terenie ogrodu znajdują się szklarnie z rzadkimi okazami roślin egzotycznych, niezwykły ogród skalny i gaj rododendronowy. Ogrodowe aleje zachęcają do spacerów wśród azalii i róż, a wiekowe drzewa chronią przed skwarem nawet w najgorętszy dzień lata.

Englischer Garten

Wzdłuż rzeki Izary rozciąga się największy park w Europie – Englischer Garten. Park pełen jest urokliwych zakątków, alejek i leśnych ścieżek. Nad brzegami jezior i strumieni chętnie wypoczywają zmęczeni miejskim gwarem, a poszukiwacze mocniejszych wrażeń mogą spróbować sił, serfując na specjalnie w tym celu spiętrzonym fragmencie potoku Eisbach. Jak w większości monachijskich parków, także i w Englischer Garten znajduje się ogród piwny

Warto odkryć drugie oblicze Monachium!

(Biergarten) i gwarne restauracje, gdzie można skosztować bawarskich specjałów. W południowej części parku odtworzony został ogród japoński, a w herbaciarni tuż obok zwiedzający mogą uczestniczyć w japońskiej ceremonii parzenia herbaty. Dzień warto zakończyć obserwując zachód słońca z zbudowanej na wzgórzu altany Monopteros, z której roztacza się niezapomniany widok na park i parkowe błonia.

DARIA GOSEK

Ogród Botaniczny

12 MONACHIUM **24 godziny**

9:30
ASAMKIRCHE
Zwiedzanie miasta można zacząć od kościoła Asamów (pw. św. Jana Nepomucena), ozdobionego mnóstwem ściennych malowideł i sztuków oraz złotych i srebrnych dekoracji.

i **Asamkirche**, Sendlinger Straße 32; ☎8923687989.

11:00
NEUES RATHAUS
W Nowym Ratuszu czeka kolejna wspinaczka na wieżę. Trudy wynagradza piękna panorama centrum.

i **Neues Rathaus**, wieża:
V–IX codz. 10.00–19.00,
X–IV pn.–pt. 10.00–17.00.

10:00
PETERSKIRCHE
Kierując się Sendlinger Straße w stronę rynku, mija się kolejną ciekawą świątynię. Pochodzący z XII w. zabytek ma piękne barokowe wnętrze. Z wieży roztacza się fantastyczny widok na miasto.

i **Peterskirche**, wieża; pn.–pt. 9.00–18.30, sb. i nd. 10.00–18.30, zimą do 17.30; 2/1 €, dzieci do 6 lat bezpł.

12:00
HOFBRÄUHAUS
Najpopularniejsza w Monachium piwiarnia z pierwszej połowy XIX w. to dobre miejsce na krótki odpoczynek przed zwiedzaniem najważniejszych muzeów w mieście.

i **Hofbräuhaus**, Am Platzl 9;
☎089290136100,
www.hofbraeuhaus.de; 9.00–23.30.

13.00

RESIDENZ
Wspaniała rezydencja Wittelsbachów mieści cenne zabytki, zgromadzone m.in. w Sali Cesarskiej, Kamiennym Pokoju, Bogatej Kaplicy i Galerii Przodków.

i **Residenzmuseum**, Residenzstr. 1, ☎089290671, www.schloesser.bayern.de; IV-poł. X codz. 9.00- 18.00, poł. X-III codz. 10.00- 17.00, ostatnie wejście 1 godz. przed zamkn.; 7/6 €, razem ze skarbcem 11/9 €, poniżej 18 lat bezpł.

16.00

ALTE PINAKOTHEK
To jedno z najciekawszych muzeów Monachium warto zwiedzić ze względu na ogromną ilość dzieł wielkich mistrzów niemieckich i europejskich.

i **Alte Pinakothek**, Barer Str. 27, ☎08923805216, www.alte pinakothek.de; wt. 10.00-20.00, śr.-nd. 10.00-18.00; 4/2 €, nd. 1 €; do 2018 r. bilety są nieco tańsze z powodu remontu i związanego z nim zamknięcia części obiektu.

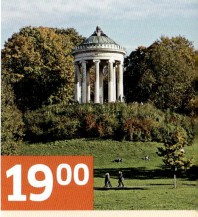

19.00

ENGLISCHER GARTEN
Ogromny zielony teren zachęca do relaksu po dniu pełnym wrażeń. Doskonale nadaje się na spacer wśród drzew i podziwianie widoków z altany Monopteros na szczycie wzgórza.

Na dobry początek

Niemcy to odwieczny sąsiad Polski, z którym nasz kraj dzieli ponad tysiąc lat wspólnej historii. Właśnie przeżywają jeden z najspokojniejszych okresów. Polscy turyści są tu równie mile widziani, jak inni, a ceny stają się coraz bardziej przystępne. Warto to wykorzystać i zobaczyć, jak wiele to państwo ma do zaoferowania przybyszom.

Jeśli spytać obcokrajowca, jakie landy niemieckie zna, niemal zawsze na pierwszym miejscu wymieni Bawarię (Bayern). Jest to największy kraj związkowy Niemiec – zajmuje obszar 70,5 tys. km², co stanowi jedną piątą powierzchni kraju. Stolicą Bawarii jest Monachium – kosmopolityczny ośrodek z ponad milionem mieszkańców, rozsławiony na cały świat przez Oktoberfest.

Na południe stąd rozciągają się Alpy Bawarskie – najwyższe góry w Niemczech, zwieńczone szczytem Zugspitze (2962 m n.p.m.) w paśmie Wetterstein. Nie mniej znaną górą jest Watzmann, wokół której rozciąga się piękny obszar Berchtesgadener Land. Niezwykłe krajobrazy kontrastują tu z ponurą historią ubiegłego stulecia. Na jednym ze szczytów znajdowało się bowiem słynne Orle Gniazdo Hitlera.

Wschodnia Bawaria to relatywnie słabo rozwinięty region, niegdyś podzielony na Bawarię Dolną i Górny Palatynat. Najciekawsze miasta regionu to Ratyzbona

Panorama Alp Bawarskich

Bawaria to największy kraj związkowy Niemiec: zajmuje obszar 70,5 tys. km² – jedną piątą powierzchni RFN

i Pasawa – oba o nieco śródziemnomorskim charakterze. Najdzikszy obszar to Las Bawarski leżący przy granicy z Czechami.
Północ landu to Frankonia, którą do Bawarii przyłączył Napoleon. Są tu miasta protestanckie, jak doświadczona przez historię Norymberga i średniowieczny Rothenburg ob der Tauber. Drugie z nich to najbardziej znany ośrodek przy Drodze Romantycznej – najsłynniejszym szlaku turystycznym w Niemczech.
Są też miasta katolickie, jak otoczony winnicami Würzburg czy wspaniały Bamberg leżący nad kanałami niczym Wenecja.
Po zachodniej stronie, przy granicy z Badenią-Wirtembergią leży Szwabia Bawarska. Tu również przebiega Szlak Romantyczny, kończący się w Füssen, obok którego spośród gór wynurza się najsłynniejszy niemiecki zamek, Neuschwanstein, znany z czołówek filmów Disneya.
Przy szlaku znajduje się też główny ośrodek Szwabii, Augsburg, znany z renesansowych rezydencji.
Infrastruktura turystyczna Bawarii jest dobrze rozwinięta. W letnie weekendy mogą być jednak kłopoty z samodzielnym znalezieniem noclegu w znanych kurortach, jak Garmisch-Partenkirchen (lepiej zdać się na informację turystyczną).

Środowisko naturalne

Krajobraz Niemiec jest bardzo zróżnicowany. Kraj rozciąga się w granicach czterech regionów fizyczno-geograficznych i wznosi stopniowo od wybrzeży morskich po Alpy.

Klimat

Niemcy leżą w strefie klimatu umiarkowanie ciepłego. Lato jest tu na ogół ciepłe i dość wilgotne, a zima łagodna. Latem i jesienią pogodę Wyżyny Bawarskiej kształtują ciepłe i suche wiatry (feny) wiejące z Alp Bawarskich. Większość opadów przypada na lato i początek jesieni. Na Wyżynie Bawarskiej wynoszą ok. 1000 mm rocznie, a w Alpach Bawarskich ponad 2000 mm rocznie.

Flora

Naturalny krajobraz Niemiec został dalece przekształcony przez człowieka. Nie oznacza to, że Niemcy są całkowicie pozbawione terenów, gdzie żyje jeszcze sama natura z właściwą sobie przepiękną florą. Naturalne bory sosnowe to cenny skarb wschodniej części kraju. Wyższe pasma, m.in. Alpy Bawarskie, zdobi bogata roślinność górska, przy czym w Alpach, powyżej granicy lasów świerkowych jest to już roślinność subalpejska i alpejska, pośród której na szczególną uwagę zasługuje szarotka alpejska czy goryczka trojeściowa. W wysokich partiach Alp, powyżej 1700 m n.p.m., można spotkać nie tylko kosodrzewinę, ale także różaneczniki.

Szarotka alpejska

Ryś

Od chwili zjednoczenia Niemiec ochronie środowiska przypisano szczególną rangę, zapisując ją w konstytucji kraju

Fauna

Fauna Niemiec niewiele różni się od tej, którą można spotkać w całej Europie. Żyje tu ok. 550 gatunków kręgowców – m.in. sarny, zające, lisy, wiewiórki, borsuki, kuny, tchórze, łasice, bobry, wydry. Znacznie mniej licznie reprezentowane są dziki i jelenie, a do rzadkości należą wilki, rysie czy niedźwiedzie. Wysokie partie gór zamieszkują kozice, koziorożce, świstaki; do pierwotnego środowiska przywrócono także muflony. Miłośników ptaków nie zawiodą sroki, krogulce, zięby, sikorki, kaczki krzyżówki, łabędzie, czaple, gęsi czy też kormorany. Rzeszę 40–50 tys. gatunków bezkręgowców reprezentują salamandry czarne, żmije żebrowane, padalce, zaskrońce, żmije zygzakowate i ropuchy.

Ochrona przyrody

Od chwili zjednoczenia Niemiec ochronie środowiska przypisano szczególną rangę, włączono do zadań na tyle ważnych, że zapisanych w samej konstytucji kraju. Rozległe obszary – prawie 10 mln ha – objęto ochroną, tworząc rezerwaty przyrody, rezerwaty biosfery, parki narodowe, spośród których największy to obejmujący 20 tys. hektarów Park Narodowy Pustać Lüneburska, a najstarszy to utworzony w 1970 r. Park Narodowy Lasu Bawarskiego.

18 Warto wiedzieć

Historycznie

Przez stulecia Bawaria pozostawała „inna". Od 1180 r. do końca I wojny światowej znajdowała się pod władaniem dynastii Wittelsbachów. Do początku XIX w. wchodziła w skład Świętego Cesarstwa Rzymskiego Narodu Niemieckiego, a po wojnach napoleońskich Francuzi powiększyli jej rozmiary i nadali status królestwa. Bawaria cieszyła się nim do 1918 r. Swoistą niezależność zachowała nawet po zjednoczeniu Niemiec w 1871 r. Po II wojnie światowej była jedynym landem, który nie ratyfikował niemieckiego dokumentu konstytucyjnego. Do dziś wjeżdżających witają tablice z napisem Freistaat Bayern (Wolny Kraj Bawaria) – jeden z nich umieszczono nawet na

Dzień targowy na Marienplatz

Monachium, 1949

szczycie Zugspitze, przy wjeździe kolejką od austriackiej strony. Pierwszymi osadnikami na terenie obecnego Monachium byli zakonnicy benedyktyńscy, od których wywodzi się nazwa miasta (*Mönchen* – mnisi). Najstarsza pisemna wzmianka pochodzi z 1158 r. i dotyczy faktu założenia osady przez Henryka Lwa. Wkrótce potem, w 1175 r., ośrodkowi nadano prawa miejskie. Leżące na szlaku handlowym Monachium prężny rozwój zawdzięczało handlowi solą. W 1255 r. uzyskało status stolicy Górnej Bawarii. Niespełna sto lat później ludność zdziesiątkowała zaraza. W 1506 r. ośrodek uzyskał rangę siedziby władz administracyjnych zjednoczonej Bawarii. Wyrosło tu wiele pięknych barokowych i rokoko-

wych budowli. W XIX w. dołączyły do nich klasycystyczne gmachy. Ludność poniosła duże straty podczas I wojny światowej, kiedy brak dostaw żywności spowodował klęskę głodu. W czasach III Rzeszy miasto było jednym z głównych bastionów nazizmu. 16 km od niego, w Dachau, powstał pierwszy obóz koncentracyjny. W samym Monachium wyrosło wiele ciężkich gmachów, tzw. Führerbauten (budynki Führera) – niektóre z nich stoją do dziś. Pod koniec II wojny światowej ośrodek stał się celem aż 71 alianckich nalotów, dlatego dziś dominuje w nim współczesna zabudowa.
W czasie igrzysk olimpijskich organizowanych tu w 1972 r. palestyńscy terroryści wdarli się do wioski olimpijskiej i zamordowali jedenastu izraelskich sportowców. Było

Monachium to tętniący życiem ośrodek z muzeami pełnymi skarbów i bogatą ofertą kulturalną

to wydarzenie tym bardziej dramatyczne, że reprezentanci Izraela występowali na tak ważnej imprezie w Niemczech po raz pierwszy od zakończenia wojny.
Obecne Monachium to tętniący życiem ośrodek z muzeami pełnymi skarbów i bogatą ofertą kulturalną. Monumentalna zabudowa może nie wszystkim przypadnie do gustu, ale z pewnością warto ją zobaczyć.

Kulturalnie

Sztuki plastyczne, muzyka, film czy szeroko rozumiany lifestyle – turysta żądny kulturalnych wrażeń wyjedzie z Monachium usatysfakcjonowany.

Sztuki plastyczne

Wcześniej czy później każdy ze zwiedzających Monachium trafi do Maxvorstadt – monachijskiej Dzielnicy Sztuki. To tu znajdują się najważniejsze monachijskie muzea: Stara Pinakoteka, Nowa Pinakoteka, Pinakoteka Sztuki Współczesnej, Gliptoteka, Dom Lenbachów czy Muzeum Brandhorstów. Wraz z mniejszymi galeriami nadają one tej części Monachium wyjątkowy, artystyczny charakter.
Ale miłośnicy sztuki, szczególnie nowoczesnej, w Monachium mogą liczyć na znacznie więcej.

W 2000 r. stacja metra przy skrzyżowaniu Altstadtring i Maximilianstrasse przekształcona została w olbrzymią, działającą 24 godz. na dobę, galerię sztuki współczesnej – Maximiliansforum. Na ponad 1500 m² monachijscy artyści mogą prezentować swoje prace, odbywają się tu wystawy, spektakle, artystyczne happeningi, pokazy i dyskusje. A jeśli już mowa o młodej sztuce w Monachium, to nie można zapomnieć o Tumblingerstrasse – ulicy słynącej z murali i streetartu.

Życie miejskie

Oktoberfest nie jest jedynym monachijskim festiwalem. Dwa razy do roku (w czerwcu i we wrześniu) w mieście organizowany jest festiwal Streetlife Munich. W tych dniach Monachijczycy bawią się i dyskutują o przyszłości Monachium. Organizowane są koncerty, wystawy, na ulicach oglądać można pokazy

Pinakoteka Sztuki Współczesnej

Koncert muzyki klasycznej na Odeonsplatz

akrobatów czy tancerzy. Rokrocznie w festiwalu bierze udział ponad 600 tys. ludzi.

Muzyka

Bez wątpienia Monachium żyje muzyką. Można się o tym przekonać w czerwcu i lipcu, gdy w mieście odbywa się Opernfestspiele – festiwal operowy organizowany (już od 130 lat) przez Bayerische Staatsoper. W jego ramach odbywa się także wyjątkowa inicjatywa „Oper für alle", dzięki której widzowie zgromadzeni na Max-Joseph-Platz mogą bezpłatnie oglądać transmisje z najciekawszych spektakli festiwalu.

Każdego lata Monachium rozbrzmiewa muzyką – dzięki Theatron Musiksommer Festival. Ten trwający kilka tygodni festiwal słynie z wyjątkowej atmosfery (TMF organizowany jest w Parku Olimpijskim, a wstęp na wszystkie wydarzenia muzyczne jest bezpłatny) i różnorodności.

Monachium śmiało można nazwać miastem festiwali filmowych

Film

Monachium śmiało można nazwać miastem festiwali filmowych. Na przełomie czerwca i lipca odbywa się prestiżowy Filmfest München, na początku września do miasta zjeżdżają miłośnicy filmów s.f., fantasy czy horrorów (Fantasy Filmfest), w październiku organizowany jest festiwal filmów krótkometrażowych (International Short Film Festival – Bunter Hund). Grudzień to miesiąc, w którym swoje filmy szerszej publiczności prezentują studenci uczelni filmowych, a w maju odbywa się DOK.fest – znany na całym świecie festiwal dokumentów.

DARIA GOSEK

Guten Appetit! Smacznego!

O tradycyjnej niemieckiej kuchni można powiedzieć, że jest różnorodna. Poszczególne części kraju mają swoje odmienne, regionalne potrawy. Istnieje jednak wspólny niemiecki mianownik kulinarny: dużo, tłusto i smacznie.

Posiłki

Niemcy jedzą najczęściej trzy posiłki dziennie. Śniadanie (*Frühstück*) jest obfite. Zazwyczaj jada się wędliny, sery, rozmaicie przyrządzone jajka, dżem – wszystko z chlebem i bułkami (*Brot*, *Brötchen*). Niekiedy serwuje się *Müsli*. Do śniadania częściej pija się kawę niż herbatę. Między śniadaniem a obiadem wielu Niemców jada drugie śniadanie (*zweites Frühstück*), czyli kanapkę z kawą lub herbatą. Między 12.00 a 14.00 przypada pora obiadu (*Mittagessen*). W wielu lokalach można wówczas zamówić danie dnia (*Menü*), tańsze niż potrawy w karcie dań (*Speisekarte*). Typowy obiad to obfite danie główne, przed którym można zjeść zupę, a posiłek zakończyć deserem (mogą to być np. lody lub owoce).

Bawarski sznycel myśliwski

Jadanie poza domem

Powszechnym zwyczajem, zwłaszcza w weekendy, jest jadanie poza domem w licznych kawiarniach (*Café*), restauracjach (*Restaurant*), gospodach (*Gasthaus*), knajpach (*Kneipe*) i innych lokalach gastronomicznych. W ciągu dnia, np. podczas przerwy obiadowej w pracy lub w czasie zakupów, dużą popularnością cieszą się także rozmaite bary i budki szybkiej obsługi (*Schnellimbiss*, *Bude*). Niemcy bardzo chętnie odwiedzają także rozmaite winiarnie (*Weinstube*) i piwiarnie (*Bierstube*).

Kiełbasa występuje w Bawarii w niemal 1500 odmianach

Dania obiadowe

W przepisach na niemieckie dania obiadowe często pojawiają się takie składniki, jak mięso (*Fleisch*), kapusta (*Kraut*, *Kohl*), ziemniaki (*Kartoffeln*). Wśród mięs dominuje wieprzowina (*Schweinefleisch*), nieco rzadziej jada się wołowinę (*Rindfleisch*) czy drób (*Geflügel*), najczęściej kurczaki (*Hähnchen*). Mięsa najchętniej przyrządza się w postaci rozmaitych rodzajów sznycli (*Schnitzel*), przeróżnych kotletów (*Kotelett*), pieczeni (*Braten*), np. pieczeń wieprzowa (*Schweinebraten*). W dniu św. Marcina (11 listopada) często podaje się *Martinsgans* – pieczoną gęś faszerowaną jabłkami i kasztanami. Kiełbasa w tym kraju występuje podobno w niemal 1500 odmianach. Grubsze kiełbasy (*Wurst*) najczęściej podaje się pokrojone w plasterki, natomiast małe

Warto wiedzieć / Smacznego!

Apfelstrudel

kiełbaski (*Würstchen*) – spożywane w całości – jada się na ciepło (pieczone lub gotowane). W Bawarii chętnie jada się białe kiełbaski (*Weißwurst*) podawane na gorąco z musztardą.

Dodatkiem do mięs są ziemniaki lub kluski. Ziemniaki mogą być gotowane (*Salzkartoffeln*), smażone (*Bratkartoffeln*) lub w postaci frytek (*Pommes Frites*) czy placków ziemniaczanych (*Kartoffelpuffer, Reibekuchen*). Z ziemniaków i/lub mąki przyrządza się knedle (*Knödeln*), np. knedle ziemniaczane (*Kartoffelknödeln*), knedle chlebowe (*Semmelknödeln*), pyzy (*Klösse*) czy kluski (*Spätzle*). W tradycyjnej niemieckiej kuchni warzywa (głównie kapusta) są najczęściej gotowane, ale współcześnie na stołach pojawia się nieco więcej surówek. Popularna jest m.in. kapusta czerwona (*Rotkohl*), kiszona (*Sauerkraut*), chętnie jada się sałatkę ziemniaczaną (*Kartoffelsalat*), a od kwietnia do czerwca prawdziwym rarytasem są szparagi (*Spargeln*). Zupy (*Suppen*) nie są zbyt popularne – w kartach dań pojawia się zupa ziemniaczana (*Kartoffelsuppe*), gulaszowa (*Gulaschsuppe*), cebulowa (*Zwiebelsuppe*) czy bulion (*Brühe*). W Bawarii jada się *Leberknödelsuppe* (bulion z kluskami wątrobianymi).

Słodkości

Ogromny wybór przepysznych słodkości oferują liczne cukiernie i kawiarnie (*Konditorei, Café*). Zasłużoną sławą cieszą się m.in. *Schwarzwälder Kirschtorte* – tort czekoladowy z bitą śmietaną i wiśniami, pączki (*Krapfen, Berliner*), także *Nürnberger Lebkuchen*

Powszechnym zwyczajem zwłaszcza w weekendy, jest jadanie poza domem

(norymberskie pierniki), drezdeńskie ciasto drożdżowe – *Stollen*. Wiernych amatorów ma także *Apfelstrudel* – ciasto z jabłkami podawane na gorąco z lodami waniliowymi lub bitą śmietaną.

Piwo

W kategorii „spożycie piwa w przeliczeniu na mieszkańca" Niemcy zajmują trzecie miejsce, po Czechach i Irlandczykach. Statystyczny Niemiec wypija 109,9 l piwa rocznie. Jednak gdyby porównywać Czechów z Bawarczykami, wygraliby Bawarczycy, z których każdy wypija 240 l rocznie, a już na pewno mieszkańcy miasta Bamberg, w okolicach którego działa ponad 70 browarów. Najwięcej piwa przelewa się podczas święta *Oktoberfest* odbywającego się w Monachium. Rozmaite gatunki piwa Niemcy spożywają przy każdej możliwej okazji przez okrągły rok.
W ciepłych miesiącach chętnie odwiedza się ogródki piwne (*Biergarten*), kiedy nastaną chłody – liczne piwiarnie (*Bierstube*, *Bierkeller*), gdzie podaje się na ogół piwo beczkowe. Serwowane jest ono w kuflach 0,3 l, 0,5 l, a w Bawarii także w dużych, litrowych (*Mass*). Najbardziej znani producenci złotego trunku to Jever, DAB, Löwenbrau, König, Warsteiner, Radeberger, Beck, Paulaner i Franziskaner. Dwaj ostatni to producenci tzw. piwa białego, popularnego w Bawarii.

Oktoberfest w Monachium

Na zakupy!

Z podróży do Niemiec warto przywieźć tradycyjną ceramikę, np. porcelanowe naczynia lub figurki z Miśni albo innych, mniej znanych wytwórni. W wielu miejscach, szczególnie w Bawarii, można kupić bogato zdobione kufle do piwa. Ciekawym upominkiem są wyroby rękodzielnicze, zabawki, m.in. z Norymbergi i sztuka ludowa, np. lalki w strojach ludowych, ołowiane żołnierzyki i rozmaite drewniane figurki, pluszowe misie firmy Steiff, wełniane skarpety, kosze, drewniane wyroby z Rudaw. Piękną i praktyczną (choć dość drogą) pamiątką ze Szwarcwaldu będzie bogato zdobiony zegar, najlepiej z kukułką. Osobna kategoria prezentów i pamiątek to butelki piwa i wina albo oryginalne ziołowe nalewki, w których specjalizują się niektóre klasztory. Ciekawostką mogą być regionalne specjały kulinarne, np. norymberskie pierniki, marcepany z Lubeki, słoik ogórków konserwowych z Lübbenau w Brandenburgii.
Warto się też rozejrzeć za kryształami, wyrobami porcelanowymi, naczyniami ze stali i srebra, nożami z Solingen i wełnianą odzieżą z Londen nieprzepuszczającą wody.

Bawarskie rękodzieło

Christkindlesmarkt w Norymberdze

Wschodnia część kraju słynie z instrumentów muzycznych. W Monachium zakupy najlepiej robić na głównej promenadzie handlowej – biegnących między Karlsplatz (Stachus) i Marienplatz Kaufingerstraße i Neuhauserstraße. Przy jednych z najstarszych ulic w mieście działają liczne mniejsze i większe butiki, a także domy towarowe znanych sieci, takich jak Karstadt, H&M, C&A i Galeria Kaufhof. Przy Kaufingerstr. znajduje się Hirmer z ogromnym wyborem odzieży męskiej, a na Marienplatz godny polecenia Ludwig Beck oferujący modę dla pań. Duże supermarkety są usytuowane na obrzeżach Monachium. Największą popularnością cieszy się SUMA Center.

W Norymberdze warto zajrzeć do Handwerkerhof, gdzie skupiały się liczne sklepiki z wyrobami

Ciekawym upominkiem są wyroby rękodzielnicze, zabawki z Norymbergi i sztuka ludowa

rzemieślniczymi. Można tam dostać doskonałej jakości wyroby skórzane, ręcznie robioną biżuterię i ceramikę, a także wyśmienite pierniki. W mieście działają poza tym liczne sklepy o różnym asortymencie, więc każdy znajdzie tu coś dla siebie.

Zarówno do Norymbergi, jak i Augsburga warto się wybrać w grudniu, kiedy prawie przez miesiąc trwa Christkindlesmarkt – ogromny jarmark świąteczny.

Sprechen Sie Deutsch?

Język niemiecki, używany nie tylko w Niemczech, ale także w Austrii, Lichtensteinie, Luksemburgu, części Szwajcarii, w północnej części Włoch (Południowy Tyrol), we wschodniej Francji (Alzacja) i we wschodniej Belgii, należy do rodziny języków germańskich. Spośród wszystkich mieszkańców Europy najwięcej jest tych osób, dla których językiem ojczystym jest właśnie niemiecki – posługuje się nim na co dzień ok. 110 mln osób. Występuje w wielu dialektach dzielonych na górne (południowe, m.in. austriackie, bawarskie, szwabskie, szwajcarskie), środkowe (heskie, nadreńskie, saksońskie, turyńskie) i dolne (północne, m.in. brandenburskie, dolnosaksońskie, meklemburskie). Różnice między niektórymi z nich bywają na tyle duże, że potrafią skutecznie zakłócić komunikację dwóch przedstawicieli jednego narodu. Niemiecki język literacki, Hochdeutsch, nauczany m.in. na kursach językowych prowadzonych w Polsce, rozumiany jest w całych Niemczech.

Podstawowe zwroty

tak – *ja*
nie – *nein*
proszę – *bitte*
dziękuję – *danke*
dziękuję bardzo – *Danke schön*
przepraszam – *Entschuldigung*

Delikatesy w Monachium

dzień dobry! (rano) – *Guten Morgen!*
dzień dobry! – *Guten Tag!*
dobry wieczór! – *Guten Abend!*
cześć! – *Servus!/Tag!/Tschüss! Hallo!*
do widzenia! – *Auf Wiedersehen!*
do usłyszenia! – *Auf Wiederhören!*
dobranoc! – *Gute Nacht!*
do widzenia!/Powodzenia! – *Mach's gut!*
do jutra! – *Bis Morgen!*
do zobaczenia dzisiaj wieczorem – *Bis heute Abend!*
na zdrowie – *Prost/zum Wohl*
smacznego – *Guten Appetit*
Jak się nazywasz? – *Wie heißt du?*
Jak masz na imię? – *Wie ist dein Name?*
Mam na imię Klaus – *Mein Name ist Klaus.*
Nazywam się... – *Ich bin.../Mein Name ist…*

Skąd jesteś? – *Woher kommst du?*
Jestem z Polski – *Ich komme aus Polen.*
Jak się masz? – *Wie geht's?*
Miło cię poznać. – *Ich freue mich, dich kennen zu lernen.*
Nie rozumiem. – *Ich verstehe nicht.*
Czy mówisz po angielsku? – *Sprichst du Englisch?/Sprechen Sie Englisch?*
Czy mówi pan po niemiecku? – *Sprechen Sie Deutsch?*
Przepraszam! (przykro mi) – *Verzeihung!*
Przepraszam! (np. zaczepiając osobę nieznajomą) – *Entschuldigung!*
Ile to kosztuje? – *Was kostet das?*

Liczebniki

0 – *null*
1 – *eins*
2 – *zwei*
3 – *drei*
4 – *vier*
5 – *fünf*
6 – *sechs*
7 – *sieben*
8 – *acht*
9 – *neun*
10 – *zehn*
11 – *elf*
12 – *zwölf*
13 – *dreizehn*
20 – *zwanzig*
21 – *einundzwanzig*
30 – *dreißig*
40 – *vierzig*
100 – *hundert*
200 – *zweihundert*
999 – *neunhundertneunundneunzig*
1000 – *tausend*
2000 – *zweitausend*
2001 – *zweitausendundeins*

Z dziećmi

Wszystkim maluchom z pewnością przypadną do gustu liczne muzea zabawek, a małych odkrywców zainteresuje także Muzeum Paleontologiczne i Oceanarium w Monachium.

Muzeum Zabawek w Monachium

Niezłe miejsce na przerwę w zwiedzaniu. W Starym Ratuszu umieszczono kolekcję zabawek. Chłopców zainteresują kolejki i roboty, a dziewczynki zachwycą się ekspozycją dotyczącą Barbie i Kena. Maluchy nie oderwą oczu od pluszowych misiów.

i **Spielzeugmuseum**, Karlstr. 13-15, ☎09112313164; wt.-pt. 10.00-17.00, sb. i nd. 10.00-18.00; 5/3 €.

Muzeum Paleontologiczne w Monachium

Mali przyrodnicy mogą obejrzeć tu wspaniały zbiór skamieniałości.

Muzeum Zabawek w Monachium

Monachijskie oceanarium

Placówka mieści dużą kolekcję zwierząt i roślin, m.in. gadów mezozoicznych i tygrysów szablozębnych. Jednym z najważniejszych okazów jest archeopteryks odkryty w 1991 r. Muzeum jest także interesujące ze względu na ciekawą architekturę budynku.

i **Paläontologisches Museum München**, Richard-Wagner--Straße 10; ☎8921806602, pn.--czw. 8.00–16.00, pt. 8.00–14.00.

Oceanarium w Monachium

To ciekawe oceanarium zamieszkują fantastyczne i rzadkie stwory. Wiele z nich znajduje się na liście gatunków zagrożonych. Dzieciom najbardziej spodoba się interaktywny basen, gdzie mogą dotknąć rozgwiazdy lub kraba. W tym interesującym miejscu maluchy staną twarzą w twarz z żółwiem zielonym, konikiem morskim, rekinem czy barwnymi błazenkami.

i **Sea Life**, Willi-Daume-Platz 1; ☎180666690101, www.visitsealife.com; dorośli (od 15 lat) 17,95 €, dzieci (3-14 lat) 14,50 €.

Muzeum Zabawek w Norymberdze

Podczas zwiedzania z dziećmi Norymbergi koniecznie trzeba wstąpić do Muzeum Zabawek. W dużej renesansowej kamienicy zgromadzono ogromny zbiór zabawek z całego świata, począwszy od starożytności, aż po czasy współczesne. Maluchy mogą tu zobaczyć ekspozycję tysięcy lalek wykonanych z drewna, cyny i innych materiałów.

i **Spielzeugmuseum**, Karlstr. 13–15; ☎09112313164; wt.-pt. 10.00–17.00, sb. i nd. 10.00–18.00; 5 €/3 €.

Imprezy i festiwale

Bawarczycy lubią się bawić. Organizowane tutaj imprezy oraz festiwale przyciągają rzesze turystów.

Styczeń

Nowy Rok (*Neujahr*) – 1 I.
Trzech Króli (*Heilige Drei Könige*) – 6 I.

Styczeń/luty

Fasching – lokalna odmiana karnawału w Monachium (I lub II).

Marzec/kwiecień

Wielki Piątek (*Karfreitag*).
Wielkanoc (*Ostern*).
Frühjahrsplärrer – festyn w Ausburgu, połączony z degustacją piwa (tydzień po Wielkanocy).

Kwiecień

Frühlingsfest – piwny festiwal w Monachium.

Maj

Święto Pracy (*Tag der Arbeit*), 1 V.
Zielone Świątki (*Pfingsten/Pfingstfest*).
Meistertrunk – pokaz w Rothenburg ob der Tauber, podczas którego odgrywana jest historia z burmistrzem wypijającym 3 l wina; www.meistertrunk.de, w drugi dzień Zielonych Świątek.
Musica Bayreuth – www.musica-bayreuth.de; pocz. V.

Maj/czerwiec

Wniebowstąpienie (*Christi Himmelfahrt*).
Boże Ciało (*Fronleichnam*).
Rock im Park – impreza muzyczna w Norymberdze, www.rock-im-park.de; V lub VI.
Africa-Festival – festiwal muzyki afrykańskiej w Würzburgu.
Würzburger Weindorf – święto wina w Würzburgu.

Czerwiec

Musica Franconia – festiwal muzyki dawnej w Norymberdze.

Parada karnawałowa

Oktoberfest

Mozartfest – festiwal muzyki mozartowskiej w Residenz i Hofgarten w Würzburgu.

Czerwiec/lipiec

Filmfest München – festiwal filmowy w Monachium, www.filmfest-muenchen.de.
Internationale Orgelwoche – festiwal organowy w Norymberdze, www.ion-musica-sacra.de.

Lipiec/sierpień

Richard-Wagner-Festspiele – Festiwal Wagnerowski, najważniejsza coroczna impreza w Bayreuth; www.bayreuther-festspiele.de.

Sierpień

Wniebowzięcie NMP (*Mariä Himmelfahrt*; Saara; gminy z większością katolicką w Bawarii), 15 VIII.
Freiereichstadtfest – festiwal pod koniec lata w Rothenburg ob der Tauber, podczas którego miejscowi przebierają się w średniowieczne stroje i paradują z pochodniami ulicami miasta.
Mozartsommer – Mozartowskie Lato w Augsburgu, pod koniec sezonu letniego.

Sierpień/wrzesień

Herbstplärrer – impreza w Augsburgu połączona z degustacją piwa.

Wrzesień/październik

Oktoberfest – ogromna impreza w Monachium; wielkie święto odbywające się we wrześniu i październiku na Theresienwiese.

Październik

Święto Zjednoczenia Niemiec (*Tag der Deutschen Einheit*) – 3 X.

Listopad

Wszystkich Świętych – 1 XI.

Grudzień

Christkindlesmarkt – trwający prawie miesiąc świąteczny kiermasz w Norymberdze i Augsburgu, www.christkindlesmarkt.de.
Boże Narodzenie (*Weihnachten*) – 25 i 26 XII.
Sylwester (*Silvester*) – 31 XII.

Zwiedzanie Monachium i Bawarii

Monachium 36 / **Bawaria** 64

Monachium

Słynna stolica Bawarii, Monachium (München; 1,38 mln mieszkańców), leży w południowej części landu, nad rzeką Izarą. Jest to trzecie pod względem wielkości miasto w Niemczech (po Berlinie i Hamburgu), choć ze względu na status, jakim cieszy się w całych Niemczech, zwie się je niekiedy drugą stolicą. Największymi siłami napędzającymi tutejszą gospodarkę są wielkie, supernowoczesne zakłady przemysłowe, jak BMW czy Siemens, a także wysoko rozwinięty sektor usług, m.in. handlowych i finansowych (towarzystwo reasekuracyjne Munich Re jest największą tego typu firmą na świecie). Monachium stale zyskuje na znaczeniu jako ważny ośrodek edukacyjny. Swoista moda na Monachium, oprócz rzesz studentów, przyciąga osoby z pierwszych stron gazet, pisarzy, artystów i intelektualistów. Jest tu też spora grupa obcokrajowców ubarwiających krajobraz miasta dynamiką i kosmopolityzmem. Ich przeciwieństwem są rdzenni mieszkańcy – prości Bawarczycy o raczej tradycyjnych poglądach, popijający w knajpach

PASCAL POLECA

MONACHIUM

❶ Marienplatz
Zawsze wypełniony ludźmi podłużny plac z pięknymi fontannami, zabytkowym ratuszem i Kolumną Maryjną. (s. 37)

❷ Residenz
Ogromny kompleks położony w centrum miasta mieszczący wspaniałe skarby w Residenzmuseum oraz w Staatliches Museum Ägyptischer Kunst. (s. 44)

❸ Staatliche Antikensammlung
Bogate zbiory antycznej sztuki rzymskiej, greckiej i etruskiej. (s. 48)

❹ Alte Pinakothek
Malarstwo niemieckie i europejskie w jednym z najsłynniejszych monachijskich muzeów. (s. 49)

❺ Englischer Garten
Ogromny park krajobrazowy w centrum miasta. (s. 51)

❻ BMW Museum
Doskonałe miejsce dla miłośników motoryzacji. (s. 54)

❼ Theresienwiese
Ogromne tereny, na których organizowany jest Oktoberfest. (s. 55)

Nowy Ratusz

piwo i spierający się o to, kto ma prawo zwać się prawdziwym monachijczykiem.

Altstadt

Monachijskie Stare Miasto jest niewielkie, skupia się wokół Marienplatz. Burzliwa historia miasta nie pozwoliła na rozwój jednolitej zabytkowej architektury.

Marienplatz i okolice
Rolę monachijskiego rynku pełni podłużny Marienplatz, na którym w ciągu dnia zawsze jest tłoczno. W przeszłości było to miejsce targowe. Łatwo tu dotrzeć z niemal każdego zakątka w mieście. Pod placem znajduje się bowiem duża stacja metra (U-Bahn). Na placu króluje fontanna – Fischbrunnen oraz Mariensäule (Kolumna Maryjna), wzniesiona w 1638 r. dla upamiętnienia wyparcia stąd Szwedów pod koniec wojny trzydziestoletniej. Wieńczy ją wykonany w 1590 r. przez Huberta Gerharda z Holandii złocony posąg Matki Boskiej depczącej półksiężyc.

Neues Rathaus Głównym obiektem przy placu jest potężny Neues Rathaus (Nowy Ratusz). Jest to efektowna, neogotycka budowla z końca XIX w. z 85-metrową wieżą. Z tarasu widokowego na szczycie rozciąga się uroczy widok na centrum miasta. Figurki na słynnym Glockenspiel (kurant) odgrywają dwa wydarzenia, które miały miejsce na rynku: królewski ślub w 1568 r. oraz taniec bednarzy (Schäfflertanz) z 1517 r. Ten ostatni miał pocieszać mieszkańców Monachium w czasie epidemii dżumy. Codziennie o 11.00 i 12.00 (III–X też o 17.00) figurki ożywają ku uciesze zgromadzonych gapiów.
W dolnej części ratusza znajdują się arkady ze sklepami, a pod wieżą jest przejście na jeden z sześciu dziedzińców.

i **Neues Rathaus**, wieża; V–IX codz. 10.00–19.00, X–IV pn.–pt. 10.00–17.00.

38 Monachium

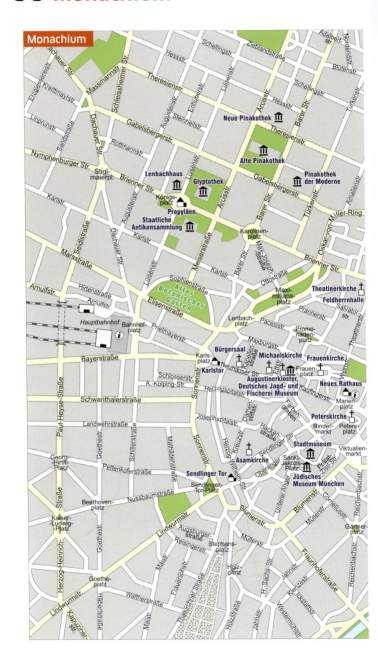

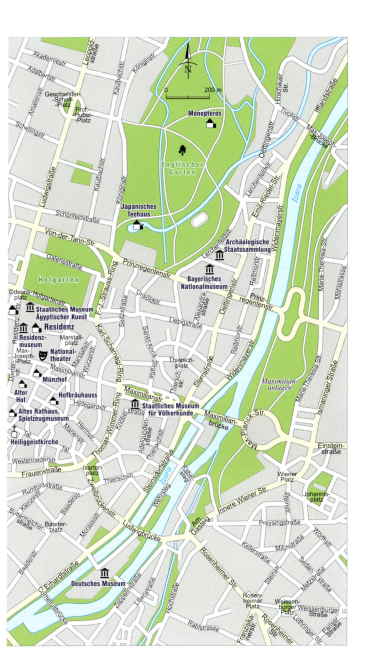

40 **Monachium**

Peterskirche Po drugiej stronie placu wznosi się Peterskirche (kościół św. Piotra), łatwo rozpoznawalny po szarym korpusie kontrastującym z ceglanym prezbiterium i wieży z hełmem przypominającym buddyjską stupę. Jest najstarszą świątynią w centrum – powstał w XII w., a w 1294 r. przebudowano go w klimacie gotyku. Wnętrze urządzono w stylu barokowym. Warto przyjrzeć się sklepieniu z plafonowymi freskami oraz złoconym rzeźbom świętych (1732). Ołtarz główny współtworzył polski malarz, Jan Polak. Wieża służy jako punkt widokowy na ładną panoramę miasta.

i **Peterskirche**, wieża; pn.-pt. 9.00-18.30, sb. i nd. 10.00-18.30, zimą do 17.30; 2/1 €, dzieci do 6 lat bezpł.

Heiliggeistkirche Na tyłach Peterskirche wznosi się drugi kościół, Heiliggeistkirche (kościół św. Ducha), w średniowieczu pełniący funkcję świątyni szpitalnej. Jego gotycki pierwowzór powstał w roku 1327, a w latach 1727–1730 nastąpiła barokizacja. Z tych czasów pochodzi wyposażenie wnętrza stworzone przez braci Asamów. Z dolną częścią niemal pozbawioną ozdób, bogato dekorowanym sklepieniem (piękne malowidła plafonowe) i górną częścią kolumn sprawia ciekawe wrażenie optyczne.

Altes Rathaus i okolice Naprzeciw kościołów, po drugiej stronie ulicy Tal wyrasta Altes Rathaus (Stary Ratusz) odbudowany po ostatniej wojnie. Obiekt został

Nawa główna Heiliggeistkirche

ciekawie rozplanowany, z podwójnym arkadowym przejazdem na dole. Dawniej zdobiły go rzeźby *Tańczących Maurów* (obecnie są eksponatami Muzeum Miejskiego). Dołączona do ratusza wysoka wieża to rekonstrukcja z 1975 r. dokonana na podstawie starych rycin. Obecnie mieści Spielzeugmuseum (Muzeum Zabawek) stworzone głównie z myślą o dzieciach.
Niedaleko na północ od Starego Ratusza znajduje się **Alter Hof**, w którym dawniej rezydowali Wittelsbachowie. W pobliżu stoi renesansowy **Münzhof** (mennica), a nieopodal na wschód od niego warto odszukać **Hofbräuhaus** – najbardziej popularną piwiarnię w mieście, założoną w 1830 r. przez lokalny browar. W swych zabytkowych salach może pomieścić ponad 2 tys. osób. Latem na dziedzińcu działa duży ogródek piwny. Piwiarnia była ulubionym lokalem Hitlera w czasach, kiedy jego partia bardziej jeszcze śmieszyła, niż przerażała.

i **Spielzeugmuseum**, w Starym Ratuszu; ☎089294001; codz. 10.00–17.30; 4/1 €, bilet rodzinny 8 €.

i **Hofbräuhaus**, Am Platzl 9; ☎089290136100, www.hofbraeuhaus.de; 9.00–23.30.

Nawa główna Heiliggeistkirche

Viktualienmarkt i okolice Tuż na południe od Heiliggeistkirche rozpościera się Viktualienmarkt – jedno z największych targowisk na kontynencie. Można tu kupić przede wszystkim owoce i warzywa, a w pobliskim ogródku piwnym złapać oddech między zakupami. Ze względu na lokalizację miejsce to nie należy do najtańszych.

Stadtmuseum Kilka przecznic na zachód od Viktualienmarkt, w dawnym arsenale działa Stadtmuseum (muzeum miejskie) z ekspozycją dokumentującą dzieje miasta. Na tej interesującej wystawie historycznej można zobaczyć m.in. słynnych *Tańczących Maurów* (1480), grupę rzeźbiarską Erasmusa Grassera, dawniej zdobiącą Stary Ratusz. Część prezentacji poświęcona jest historii rozwoju fotografii od 1839 do 1900 r. Imponująca kolekcja instrumentów muzycznych składa się z ok. 2000 eksponatów pochodzących z całego świata. Także na najmłodszych czeka tu niespodzianka – jeden z największych na świecie zbiorów lalek.
Są tu marionetki, lalki z Chin i Indii oraz mechaniczne lalki ze Starego Kontynentu. Instytucja nie spełniałaby swojej roli, gdyby nie zawierała ekspozycji poświęconej także ponuremu okresowi historii miasta, mianowicie czasom III Rzeszy.

i **Stadtmuseum**, St.-Jakobs Platz 1, ☎08923322370, www.stadtmuseum-online.de; wt.–nd. 10.00–18.00; 7/3,50 €, młodzież do 18 lat bezpł.

42 Monachium

Jüdisches Museum München
Z ostatnim działem Muzeum Miejskiego koresponduje nowszy obiekt przy placu – Jüdisches Museum München (Monachijskie Muzeum Żydowskie). Przedstawia bogatą spuściznę kulturową mniejszości żydowskiej w Monachium oraz jej eksterminację w czasach III Rzeszy.

i St.-Jakobs Platz 16, ☎08923396096, www.juedisches-museum-muenchen.de; wt.-nd. 10.00-18.00; 6/3 €.

Sendlinger Str Następna przecznica na zachód to Sendlinger Str. Przy niej znajduje się wciśnięty w pobliską zabudowę Asamkirche (kościół Asamów; 1733–1746). Choć na pierwszy rzut oka nie sprawia takiego wrażenia, jest jednym z najpiękniejszych barokowo-rokokowych kościołów w regionie. Jego nazwa wywodzi się od braci Asamów, którzy wznieśli go na własnym terenie i za własne pieniądze. Młodszy z nich, Egid Quirin (rzeźbiarz), zamieszkał w sąsiednim domu, z którego sypialni mógł spoglądać na prezbiterium. A było i jest na co patrzeć. Wnętrze kościoła zachwyca mnogością fresków, stiuków, złota i srebra. Artyści pracujący z czystej pasji mieli nieograniczone możliwości w kształtowaniu wnętrza świątyni. Z niezwykłą magią wzrok zwiedzających przyciągają malowidła na sklepieniu, a także pięknie zdobione ambona oraz ołtarz główny.
Koniec ulicy wieńczy Sendlinger Tor – jedna z zachowanych bram miejskich z przysadzistą kamienną basztą.

i **Asamkirche**, Sendlinger Straße 32; ☎8923687989.

Na zachód od Marienplatz
W kierunku zachodnim od głównego placu odchodzi promenada handlowa Kaufingerstrasse/Neuhauser Straße, wiodąca prosto do Karlsplatz rozpościerającego się nieopodal dworca kolejowego. Jest tu kilka ciekawych budowli, głównie sakralnych. Najbliżej placu stoi dawny Augustinerkloster (klasztor augustiański), z pięknym rokokowym wnętrzem, stanowiący dziś tło dla **Deutsches Jagd- und Fischerei Museum** (Niemieckie Muzeum Myślistwa i Rybołówstwa). Można tu obejrzeć myśliwskie trofea, zbiory broni z różnych okresów historycznych oraz dzieła sztuki o tematyce myśliwskiej (m.in. Rubensa).

i **Deutsches Jagd- und Fischerei Museum**, Neuhauser Str. 2, www.jagd-fischerei-museum.de; codz. 9.30-17.00, czw. do 21.00; 3,50/2,50 €, dzieci 3-6 lat 1 €.

Michaelskirche Nieopodal wyrasta Michaelskirche (kościół św. Michała), którego rozmiary wskazują na jezuickich właścicieli. Wzniesiono go z rozkazu Wilhelma V w drugiej połowie XVI w. jako pierwszą jezuicką świątynię w Europie. Miała symbolizować zwycięstwo katolicyzmu nad protestantyzmem. Olbrzymie wnętrze przykryte wspaniałym sklepieniem to wielka nawa z rzędami kaplic po obu stronach. W krypcie spoczywają członkowie

Nawa główna Asamkirche

rodu Wittelsbachów ze słynnym Ludwikiem II, twórcą zamku Neuschwanstein.

Bürgersaal Dalej na zachód rozciąga się Bürgersaal, czyli dwukondygnacyjna XVIII-wieczna budowla powstała na potrzeby tzw. Studenckiego Towarzystwa Maryjnego. Na dole obiektu znajduje się krypta z grobowcem Ruperta Mayera – miejscowego proboszcza z czasów III Rzeszy. Jako zagorzały i aktywny wróg nazistów został osadzony w obozie w Sachsenhausen. Hitlerowcy bali się go jednak zabić

44 Monachium

i ostatecznie uwięzili go w klasztorze Ettal w Alpach (po wojnie wrócił do Monachium). Na górze zobaczyć można rokokowe rzeźby Ignacego Günthera, znanego bawarskiego twórcy z tego okresu.

Frauenkirche Kilka kroków na północny zachód od Marienplatz wznosi się Frauenkirche (kościół NMP) z charakterystycznymi ceglanymi wieżami, wyglądającymi zupełnie jak minarety. To jeden z symboli miasta. Pierwowzór obiektu stanowiła XIII-wieczna kaplica, na miejscu której pod koniec XV stulecia powstała gotycka świątynia. Obecny wygląd to zbliżona do oryginału powojenna rekonstrukcja. Wnętrze, o wymiarach bliskich boisku piłkarskiemu, może pomieścić 20 tys. osób. Choć świątyni brak specjalnego klimatu, warto tu zobaczyć kilka elementów. Blisko wejścia, z prawej strony, wzrok przyciąga Kaiserkenotaph – cenotaf księcia Ludwika Bawarskiego (1282–1347), członka rodu Wittelsbachów, który nosił zaszczytny tytuł króla Świętego Cesarstwa Rzymskiego Narodu Niemieckiego. Dużego grobowca w czarnej obudowie strzegą figury rycerzy i szlachty. Niedaleko wejścia odnaleźć też można ślad wybity w podłodze. Ponoć jest dziełem samego diabła, rozwścieczonego przegraniem zakładu z architektem, Jörgiem von Halspachem (w XV w.). Godne uwagi są też piękne witraże wokół prezbiterium oraz obraz maryjny nad ołtarzem wykonany przez krakowskiego artystę Jana Polaka (1510). Ozdobił on również oryginalne stalle Erasmusa Grassera (dziś w większości zniszczone).
Kościelna wieża (od kilku lat w remoncie). to jeszcze jeden punkt widokowy w centrum miasta.

Residenz

Największym powierzchniowo obiektem w centrum miasta jest Residenz, czyli pałac, do którego przenieśli się Wittelsbachowie pod koniec XIV w., kiedy przestał im wystarczać sąsiedni Alter Hof. Liczne przebudowy w następnych stuleciach doprowadziły do powstania ogromnego kompleksu, którego dziś nie

Frauenkirche

sposób objąć wzrokiem. Najwięcej zmian poczyniono w XIX w., kiedy obiekt stał się rezydencją królewską. W czasie II wojny światowej pałac został zniszczony, a odbudowano go w ciągu dwóch następnych dekad. Jego rozmiary, w połączeniu z labiryntem dziedzińców i skrzydeł, wcale nie ułatwiają orientacji na terenie obiektu. Od południa, przodem do Max-Joseph-Platz zwrócona jest część Königsbau dobudowana w XIX w. przez architekta Leo von Klenza. Z drugiej strony na pałacowy park wychodzi Festsaalbau. Mimo monumentalnego wręcz charakteru, pałac nie porywa urokiem. Znacznie większe wrażenie wywierają skarby wewnątrz.

Max-Joseph-Platz

Najciekawsza część rezydencji wychodzi na reprezentacyjny Max-Joseph-Platz otoczony eleganckimi gmachami. Spośród nich wyróżnia się stojący po wschodniej stronie Nationaltheater (Teatr Narodowy) – ciężka klasycystyczna budowla nie odbiegająca wyglądem od pozostałych teatrów w tej części Europy. Pośrodku placu wznosi się pomnik Maxa i Josepha, współtwórców pierwszej niemieckiej konstytucji w 1818 r.

Residenzmuseum

Do pałacowego muzeum prowadzi wejście od strony Max-Joseph-Platz. Jest ono tak wielkie (ok. 130 pomieszczeń), że część otwiera się

46 **Monachium**

rano, a część po południu. Zgromadzono tu przebogate skarby Wittelsbachów, a tło dla nich stanowią piękne pomieszczenia, jak chociażby Kaisersaal (Sala Cesarska), Steinzimmer (Kamienny Pokój) czy Reiche Kapelle (Bogata Kaplica), wszystkie z XVII w. Warto zajrzeć do Ahnengalerie (Galeria Przodków) z upiększonymi portretami Wittelsbachów i dołączoną podobizną Karola Wielkiego, a przecież wielki monarcha nie należał do rodziny. Wczesnorokokowe zdobienia sali są dziełem Françoisa de Cuvilliésa z Belgii. Nietypowy jest dziedziniec, tzw. Grottenhof, gdzie zbudowano grotę z tufu, kryształu i muszli. Jest tu też Perseusbrunnen (fontanna Perseusza), a w pobliżu znajduje się Antiquarium – najstarsza w pałacu komnata (1571), którą Wittelsbachowie wypełnili własną kolekcją antyków. Jest to największa renesansowa sala na północ od Alp. Uwagę zwraca pokryte freskami kolebkowe sklepienie. Inne charakterystyczne pomieszczenia to pełne rokokowego przepychu Reiche Zimmer (Bogate Pokoje) oraz Nibelungensäle (Sale Nibelungów) z obrazami przedstawiającymi sceny niemieckiej epopei narodowej.

i Residenzstr. 1, ☎089290671, www.schloesser.bayern.de; IV-poł. X codz. 9.00- 18.00, poł. X-III codz. 10.00- 17.00, ostatnie wejście 1 godz. przed zamkn.; 7/6 €, razem ze skarbcem 11/9 €, poniżej 18 lat bezpł.

Schatzkammer der Residenz

Skarby w muzeum to jeszcze nie wszystko. Inne kosztowności zebrane przez Wittelsbachów znajdują się w niezwykle cennym skarbcu (te same godz. otwarcia i ceny), do którego prowadzi to samo wejście. Zgromadzono tu dzieła sztuki jubilerskiej z różnych stron świata, często bardzo egzotycznych. Duże wrażenie wywiera kolekcja koron królewskich; najstarszy obiekt to pochodzące z IX w. cyborium króla Karyntii, Arnulfa. Wspaniałym obiektem jest konna statuetka św. Jerzego (1590) wykonana w Monachium dla Wilhelma V.

Inne obiekty w pałacu

Residenz skrywa jeszcze inne ciekawostki. Od strony ogrodu, w północno-zachodniej części działa Staatliches Museum Ägyptischer Kunst (Państwowe Muzeum Sztuki Egipskiej). Można tu podziwiać eksponaty z różnych etapów rozwoju starożytnego Egiptu, począwszy od XXVII w. p.n.e. Chlubą kolekcji

Sklepienie Reiche Kapelle

Ahnengalerie

jest złocona maska trumienna królowej z 1575 r. p.n.e. oraz wykonany z miedzi posąg Amenemhata III (ok. 1800 r. p.n.e.).

Mniej więcej w środkowej części kompleksu znajduje się podłużny, rozciągnięty ukosem dziedziniec, tzw. Brunnenhof, z fontanną Wittelsbachów w centralnym punkcie. Na wschód stąd wznosi się Cuvilliés-Theater (Teatr Cuvilliésa) – arcydzieło rokokowej architektury i jeden z najpiękniejszych teatrów europejskich.

i **Staatliches Museum Ägyptischer Kunst**, wejście od Hofgartenstr., ☎08927630, www.smaek.de; wt. 10.00-20.00, śr.-nd. 10.00-18.00; 7/5 €, sb. 1 €, młodzież do 18 lat bezpł.

Na północ od Altstadt

Po zakończeniu rozbudowy własnej siedziby Wittelsbachowie postanowili zająć się okolicami pałacu i zaplanowali rozciągnięcie dalej na północ Monachium, które miało wchłonąć sąsiednią wioskę Schwabing. Zajął się tym w drugiej dekadzie XIX w. architekt Leo von Klenze. W efekcie tych działań w tej części Monachium powstały potężne gmachy, nawiązujące stylistyką do budowli starożytnych. Większość z nich wzniesiono, aby pełniły funkcje publiczne, m.in. wystawowe. Tak jest do dziś – okolica, zwana Kunstareal (Kwartał Sztuki), jest skupiskiem najcenniejszych zbiorów sztuki w mieście.

Odeonsplatz

Od północnego zachodu Residenz wychodzi na monumentalny i całkiem ładny Odeonsplatz. W jego rogu stoi Theatinerkirche (kościół Teatynów), zwany też kościołem św. Kajetana. Jest to duża żółta konstrukcja barokowa, od zewnątrz rozpoznawalna po dwóch

48 Monachium

Fasada kościoła św. Kajetana

wieżach i wielkiej kopule. Powstała w drugiej połowie XVII w. na wzór rzymskiego kościoła St. Andrea della Valle, a dzieła dokończył sto lat później François de Cuvilliés, dobudowując fasadę. W monochromatycznym wnętrzu nie ma wielkich cykli fresków, ale braki te nadrabia wspaniała stiukowa dekoracja (G.A. Viscardi). Naprzeciw kościoła wyrasta nietypowa Feldherrnhalle – otwarta loggia ze sklepieniem wspartym na potężnych kolumnach. Zaprojektował ją Friedrich von Gärtner na wzór podobnego obiektu stojącego we Florencji. Po obydwu stronach budowli strzegą posągi lwów oraz znanych bawarskich dowódców: Johanna Tilly'ego i Karla Philippa von Wrede. W 1923 r. policja zdławiła tu pucz monachijski zorganizowany przez Hitlera. Od tego czasu Feldherrnhalle stanowiło dla nazistów coś w rodzaju miejsca pamięci.

i **Theatinerkirche**; www.theatinerkirche.de.

Königsplatz

Kilka minut spacerem na zachód dzieli Odeonsplatz od Königsplatz, zaprojektowany jako bawarski Akropol z budynkami równie reprezentacyjnymi i dostojnymi, jak w okolicach Residenz. Jeden z nich to Propyläen, czyli monumentalna brama wzorowana na greckich. Na północy znajdują się najlepsze muzea w Monachium.

Staatliche Antikensammlung
Od południa do Königsplatz przylega Staatliche Antikensammlung

(Państwowe Zbiory Sztuki Antycznej). W budynku z 1848 r. mieszczą się zbiory antyków rzymskich, greckich i etruskich. Są tu m.in. rzeźby i pomniki, wazy, prace z terakoty oraz złota i srebrna biżuteria.

i Königsplatz 1, ☎08928927502, www.antike-am-koenigsplatz.mwn. de; wt. i czw.-nd. 10.00-17.00, śr. 10.00- 20.00; razem z Glyptothek 6/4 €, nd. 1 € za każdy budynek, młodzież do 18 lat bezpł.

Glyptothek Po drugiej stronie placu mieści się Glyptothek (Gliptoteka) – najstarsze muzeum w mieście. Ekspozycja, pośród której najciekawsze eksponaty to figura śpiącego fauna Barberini z ok. 220 r. p.n.e. oraz fragmenty tympanonu świątyni Afai z Eginy (ok. 500 r. p.n.e.), jest podobna do tej, którą można podziwiać w Staatliche Antikensammlung.

i Königsplatz 3, ☎089286100, www. antike-am-koenigsplatz.mwn.de; wt. i czw.-nd. 10.00-17.00, śr. 10.00- 20.00; razem z Glyptothek 6/4 €, nd. 1 € za każdy budynek, młodzież do 18 lat bezpł.

Lenbachhaus Na lewo od Gliptoteki wznosi się Lenbachhaus – willa z końca XIX w., którą wzniósł dla siebie lokalny malarz, Franz von Lenbach. Dorobił się fortuny na portretowaniu miejscowej arystokracji. Dziś obiekt poświęcony jest zbiorom niemieckiego malarstwa, głównie z XIX w. (m.in. Kandinsky, Marc i Klee).

i Luisenstr. 33, ☎08923332000, www.lenbachhaus.de; wt.-nd. 10.00-20.00; 12/6 €.

Alte Pinakothek

Najbardziej znanym muzeum w Monachium i jednym z najcenniejszych na świecie jest Alte Pinakothek (Stara Pinakoteka). Mieści się w budynku projektu Leo von Klenzego z 1836 r., kilka kroków na północny wschód od Gliptoteki. W środku znajduje się wspaniała kolekcja malarstwa niemieckiego i europejskiego – w większości gromadzona przez Wittelsbachów – począwszy od XIV w. Wśród tutejszych dzieł wyróżniają się szczególnie prace starych niemieckich mistrzów, m.in. Gabriela Anglera z Bawarii (XV w.) czy Tyrolczyka Michaela Pachera, który stworzył *Ołtarz Czterech ojców Kościoła*. Spośród malarzy renesansowych na szczególną uwagę zasługują prace Albrechta Dürera – *Czterej Apostołowie* i słynny *Autoportret*, przedsta-

Autoportret w futrze, Albrecht Dürer, 1500

50 Monachium

wiający artystę podobnego do Jezusa. Inne warte uwagi dzieła to m.in. *Spotkanie św. Erazma* Grünewalda oraz śmiałe, jak na owe czasy, akty Cranacha starszego.
Szkołę holenderską i flamandzką również reprezentują płótna artystów najwyższej klasy. Jest tu ponad 60 obrazów Rubensa, w tym 6-metrowej wysokości *Sąd Ostateczny* (1617), *Rzeź niewiniątek* czy *Krajobraz z tęczą*. Dość bogato przedstawiają się zbiory prac van Dycka, ucznia Rubensa. Miłośnicy Rembrandta nie przegapią wspaniałego *Cyklu pasyjnego*. Inni reprezentowani tu artyści to m.in. Memling, Pieter Breughel starszy (*W krainie pieczonych gołąbków*) oraz Jan Breughel.
Spośród artystów z innych krajów wyróżniają się mistrzowie włoscy. Są tu obrazy Rafaela (*Święta Rodzina*), wczesne dzieła Leonarda da Vinci (*Madonna z goździkiem*), prace Tiepola (*Pokłon trzech Króli*) i Tycjana (*Koronowanie cierniem*).

i Barer Str. 27, ☎08923805216, www.alte pinakothek.de; wt. 10.00-20.00, śr.-nd. 10.00-18.00; 4/2 €, nd. 1 €; do 2018 r. bilety są nieco tańsze z powodu remontu i związanego z nim zamknięcia części obiektu.

Neue Pinakothek

Na miłośników nowszego malarstwa (od XVIII w.) i sztuki XX stulecia czekają jeszcze dwie pinakoteki. Neue Pinakothek (Nowa Pinakoteka), tuż na północ od Starej, gromadzi arcydzieła europejskiego malarstwa i rzeźby od późnego XVIII w. do początków XX w. Specjalny nacisk położono na sztukę XIX-wiecznych Niemiec, m.in. pochodzącą z kolekcji Ludwika I, który sfinansował budowę obiektu. Zgromadzone dzieła reprezentują takich artystów, jak Caspara Davida Friedricha (*Krajobraz karkonoski z unoszącą się mgłą*), Maksa Liebermanna czy Hansa Maréesa. Malarze spoza Niemiec to m.in. van Gogh (jedna z wersji *Słoneczników*), Manet (*Śniadanie w pracowni*) czy Gauguin (*Wieś bretońska*).

i Barer Str. 29, ☎08923805195, www.pinakothek.de/neue-pinakothek; czw.-pn. 10.00-18.00, śr. 10.00-20.00, wt. zamkn.; 7/5 €, nd. 1 €.

Pinakothek der Moderne

Naprzeciwko Starej Pinakoteki, po drugiej stronie Barer Str. wznosi się współczesny budynek oddanej

Koronowanie cierniem, Tycjan, ok. 1570

Śniadanie w pracowni, Édouard Manet, 1868

w 2002 r. Pinakothek der Moderne (Pinakoteka Modernizmu). Jest to jedno z największych muzeów sztuki współczesnej na świecie (12 tys. m² powierzchni) z niemal pół milionem eksponatów. Są tu obrazy takich twórców, jak Picasso i Dali, ale też dzieła zupełnie współczesne, również sztuki użytkowej (samochody, motocykle, komputery itd.).

i Barer Str. 40, ☎08923805360, www.pinakothek.de/pinakothek-der-moderne; wt., śr. i pt.–nd. 10.00– 18.00, czw. 10.00–20.00; 10/7 €, nd. 1 €.

Na wschód od centrum

Monumentalne budowle ciągną się też na wschód od Residenz. Jedną z bardziej reprezentacyjnych ulic miasta jest Maximilianstrasse zaprojektowana w czasach Maksymiliana II, który zdobył tron po abdykacji ojca. Odchodzi ona na wschód od pałacu Wittelsbachów.

Museum fünf Kontinente

W gmachu tuż za obwodnicą działa Museum fünf Kontinente (Państwowe Muzeum Etnograficzne) gromadzące zbiory tradycyjnych strojów i przedmiotów służących Bawarczykom w codziennym życiu. Prawie kilometr dalej za rzeką wznosi się monumentalny gmach Maximilianeum – obecnie siedziba bawarskiego parlamentu. Od miejskiego zgiełku można odpocząć w dużym Englischer Garten rozciągającym się na wschód od Ludwigstr., na zachodnim brzegu Izary.

i **Museum fünf Kontinente**; Maximilianstr. 42, www.museum-fuenf-kontinente.de; wt.–nd. 9.30–17.30; 5/4 €, nd. 1 €, młodzież do 18 lat bezpł.

Englischer Garten i okolice

Największy zielony obszar w centrum Monachium stanowi Englischer Garten (ogród Angiel-

52 **Monachium**

ski). Miejscowi z dumą podkreślają, że jest bardziej rozległy niż nowojorski Central Park. Powstał w XVIII w. w stylu, który zdradza jego nazwa. Przez środek ogrodu przepływa bajeczny potoczek Eisbach. Park jest jednym z ulubionych miejsc odpoczynku monachijczyków (w odludnych miejscach można spotkać nawet naturystów). Jednym z bardziej popularnych obiektów tego terenu jest wieńcząca szczyt wzgórza owalna altana Monopteros, z której ładnie widać rozciągające się poniżej błonia. W południowej części parku działa *Japanisches Teehaus* (Japońska Herbaciarnia) otoczona wodą.

Bayerisches Nationalmuseum Przy południowo-wschodnich obrzeżach parku wznosi się Bayerisches Nationalmuseum (Bawarskie Muzeum Narodowe) – rozległy obiekt prezentujący sztukę, rękodzieło i folklor regionu. Są tu eksponaty z poszczególnych okresów historycznych, począwszy od antyku, aż po wiek XX. Najstarszą kolekcję można podziwiać na parterze. Na górze warto zobaczyć choćby XIX-wieczną porcelanę z pałacu Nymphenburg.

i Prinzregentenstr. 3, ☎0892112401, www.bayerisches-nationalmuseum.de; wt., śr. i pt.-nd. 10.00-17.00, czw. 10.00-20.00; 7/6 €, nd. 1 €, młodzież do 18 lat bezpł.

Archäologische Staatssammlung
Kolejne muzeum przy południowo-wschodnich obrzeżach parku to Archäologische Staatssammlung

Monopteros, Englischer Garten

Olympiastadion

(Państwowe Zbiory Archeologiczne). Tu z kolei zgromadzono pamiątki po pradawnych plemionach zasiedlających Bawarię jeszcze w czasach paleolitu, jak i ludach średniowiecznych (Celtach, plemionach germańskich).

i Lerchenfeldstr. 2, ☎08921124468, www.archaeologie-bayern.de; wt.-nd. 9.30-17.00; 3/2 €, nd. 1 €.

Olympiapark i okolice

Z Englischer Garten od zachodu i z kwartałem muzeów od północy graniczy dzielnica Schwabing. W przeszłości po tutejszych knajpach hulała cyganeria oraz bohema artystyczna pokroju Brechta, braci Mannów i Ibsena. Snuł się tu również Lenin i zapewne Hitler. Północno-zachodnie obrzeża dzielnicy zajmuje Olympiapark (Park Olimpijski; www.olympiapark-muenchen.de), pamiątka po igrzyskach olimpijskich z 1972 r. Dziś kompleks służy sportom i rekreacji. Na terenie wyrosły liczne obiekty, m.in. słynny Olympiastadion (stadion olimpijski), na którym 10 września 1972 r. piłkarska reprezentacja Polski zdobyła złoty medal igrzysk olimpijskich, pokonując w finale Węgry 2:1 (dwa gole Kazimierza Deyny). Jest też wysoka na 190 m Olympiaturm (wieża olimpijska), z której widać spory fragment Bawarii – przy ładnej pogodzie aż po Alpy (wjeżdża się windą). Kompleks można obejść samemu albo wziąć udział w wycieczkach zorganizowanych (czasem dość ekstrawaganckich, jak np. wspinaczka po dachu stadionu). Jedną z większych atrakcji dla dzieci będzie wizyta w oceanarium Sea Life.

i **Olympiaturm**; 9.00-24.00; 5,50/3,50 €.

i **Sea Life**, Willi-Daume-Platz 1; ☎089450000; 10.00-19.00 po sezonie krócej; 16,50/10,95 €.

54 Monachium

Ekspozycja w BMW Museum

BMW Museum

Dla wielu fanów motoryzacji punktem obowiązkowym podczas pobytu w Monachium jest wizyta w Muzeum BMW – placówce o ponad 30-letniej tradycji. Wiosną 2008 r. na terenach należących do fabryki BMW, niedaleko na wschód od Olympiapark, przy słynnym wieżowcu Vierzylinder (Cztery Cylindry – wystarczy spojrzeć, by stało się jasne, skąd taka nazwa) otwarto nową, rozbudowaną siedzibę muzeum. Do tego czasu wystawa znajdowała się bezpośrednio u podnóża wieży olimpijskiej; do niej odnosi się podany powyżej adres, godziny otwarcia i ceny biletów. Przestrzeń wystawiennicza wzrosła z 900 do 5000 m². Całość to atrakcyjny kompleks high-tech, ze śmiało zaprojektowanymi pomieszczeniami, w których można prześledzić historię i teraźniejszość firmy. Oczywiście najwięcej uwagi przyciągają same pojazdy: kilkaset samochodów i motocykli.

Można tu dojechać autobusami komunikacji miejskiej oraz metrem U-Bahn #3 (stacja m.in. pod Marienplatz).

i Am Spiridion-Louis-Ring, ☎089125016001, www.bmw welt.de; wt.–nd. 10.00–18.00; 10/7 €.

Inne atrakcje...

...czyli nie można zapomnieć o muzeach: niemieckim i transportu oraz, oczywiście o Oktoberfest!

Deutsches Museum

Jeszcze jednym gigantycznym obiektem muzealnym w Monachium jest Deutsches Museum (Muzeum Niemieckie), wzniesione na rzecznej wyspie, ponad 1 km na południowy wschód od Marienplatz. W ok. 50 działach zajmujących 47 tys. m² przedstawiono rozwój nauki i techniki, od prehistorii po dzień dzisiejszy. Są tu różne modele, prezentacje interaktywne oraz codzienne pokazy z wszelkich możliwych dziedzin, od wyrobu ceramiki po astronomię. W wielu eksperymentach można uczestniczyć osobiście, co z pewnością wpływa na statystyki odwiedzających muzeum – rocznie ok. 1,3 mln osób. W latach 2015–2025 obiekt jest stopniowo remontowany, co może się wiązać z niedostępnością niektórych wystaw.

i Museumsinsel 1, ☎0892179333, www.deutsches museum.de; codz. 9.00-17.00; 11/4 €.

Theresienwiese

Rozległe łąki na południowy zachód od centrum (kilkanaście minut spacerem od dworca kolejowego) są areną corocznego Oktoberfest (zob. ramka). Teren pokrywają setki barwnych namiotów, w których piwo przelewa się strumieniami. Jest też kilka stałych budowli, monumentalnych i pompatycznych, jak wszystko w Monachium. Jedna z nich to Ruhmeshalle, czyli kolumnada z popiersiami bawarskich bohaterów narodowych. Stoi przy niej olbrzymi pomnik Bawarii, przedstawionej w postaci kobiety. Można wejść na górę i spojrzeć stąd na okolicę. Niedaleko pomnika znajduje się Verkehrszentrum (Muzeum Transportu) z bardzo ciekawą wystawą rozmaitych środków lokomocji, od samochodów i pociągów, po łodzie i statki.

i **Pomnik Bawarii**; IV-poł. X, codz. 9.00-18.00; 3,50/2,50 €, do 18 lat bezpł.

i **Verkehrszentrum**, Theresienhöhe 14a, www.deutsches-museum.de/verkehrszentrum; codz. 9.00-17.00, wt. do 20.00; 6/3 €.

Ruhmeshalle z pomnikiem Bawarii na pierwszym planie

56 Monachium

Ciekawe, że...
Oktoberfest

Największa impreza cykliczna Monachium, Oktoberfest (www.oktoberfest.de), nie jest wymysłem współczesnych speców od marketingu. Jej pierwowzorem był wielki festyn zorganizowany w październiku 1810 r. z okazji ślubu przyszłego króla Bawarii Ludwika I z księżniczką Teresą. Odbył się na miejskich błoniach, które na cześć panny młodej dziś zwane są Theresienwiese. Impreza była tak udana, iż postanowiono organizować ją od tej pory regularnie. Naturalnie coroczne święto nie miało dotyczyć samych zaślubin królewicza, tylko biesiadowania i przede wszystkim rozkoszowania się piwem. Dziś jest to największy festyn w Bawarii – trwa ok. dwóch tygodni, a odwiedza go nawet 6–7 mln gości. Ogromne zyski czerpią z niego miejscowe browary (za każdym razem goście wypijają 50 tys. hektolitrów piwa).

Impreza zaczyna się z wielką pompą od wjazdu konnych wozów z beczkami piwa, koncertu zespołów ludowych i pochodu przemierzającego całe miasto. Na błoniach poszczególne browary rozstawiają swoje namioty, gdzie można też zjeść proste potrawy, jak golonko czy słynną kiełbasę z kapustą.

Przy całej świątecznej atmosferze, jaka towarzyszy Oktoberfest, warto pamiętać, że jest to przede wszystkim wielka popijawa. O ile w dzień wszyscy zwykle bawią się wesoło i sympatycznie, o tyle wieczorami słabsze głowy nierzadko wszczynają drobne burdy. Codziennie służby porządkowe czuwają nad bezpieczeństwem gości i kulturą imprezy. Ale i tak w czasie wielkiego święta piwa Monachium nie należy do najbezpieczniejszych miast w Bawarii. Mimo to impreza cieszy się taką popularnością, że miejsca noclegowe na ten czas należy rezerwować nawet z rocznym wyprzedzeniem (i liczyć się z bardzo wysokimi cenami).

Octoberfest

Plafon Grosser Saal

Nymphenburg

Około 5 km na północny zachód od centrum Monachium wznosi się dawna letnia rezydencja Wittelsbachów, zamek Nymphenburg. Jest to jeden z najświetniejszych kompleksów parkowo-pałacowych w tej części kontynentu. Główny budynek to nieduży pałac w stylu włoskim wzniesiony przez Agostino Barellego (1664) dla księżnej Adelajdy (żony elektora Ferdynanda Marii). To ona wymyśliła jego nazwę – Zamek Nimf. Rozbudowa obiektu nastąpiła kilkadziesiąt lat później, za panowania syna Adelajdy, Maksymiliana Emanuela. Wtedy też pałac otoczono rozległymi ogrodami francuskimi, do dziś stanowiącymi wspaniałe tereny spacerowe.

W pałacu duże wrażenie robi rokokowa Grosser Saal (Wielka Sala), w której odbywały się zabawy. Tutejsze zdobienia pochodzą z połowy XVIII w. i są dziełem Jana Baptysty Zimmermanna. Bardziej znana jest Schönheitengalerie (Galeria Piękności) z portretami najpiękniejszych monachijek (wyboru dokonał główny koneser, Ludwik I). Najsłynniejszy jest obraz Helene Seldmayr, córki szewca, przypominającej nieco Elvisa Presleya. Południowe skrzydło, wnętrza dawnych stajni zajmuje Marstallmuseum (Muzeum Powozów) z licznymi karocami, saniami i innymi powozami konnymi, m.in. luksusowymi, kapiącymi złotem pojazdami Ludwika II.

Na tyłach pałacu rozciąga się park – częściowo francuski, częściowo angielski. Można w nim odnaleźć kilka uroczych pawilonów, jak stylizowany na architekturę Dalekiego Wschodu Pagodenburg. Jest tu też Magdalenenklause (Pustelnia Magdaleny) – kaplica w kształcie groty wzniesiona

58 **Monachium**

dla Maksymiliana Emanuela, czy Badenburg z sauną i łaźnią. Wszystkie trzy budynki zaprojektował nadworny architekt Joseph Effner. Dziełem Françoisa de Cuvilliésa jest za to wspaniały Amalienburg ukryty po lewej stronie, po drodze do Badenburga. Jest to pałacyk myśliwski (1734–1739) z wnętrzami wypełnionymi rokokowymi dekoracjami.

i **Zamek Nymphenburg**, ☎089179080, www.schloesser.bayern.de; IV-poł. X 9.00-18.00, poł. X-III 10.00-16.00; 6/5 €, bilet łączony z budynkami parkowymi, Muzeum Powozów i Muzeum Porcelany 11,50/9 €, po sezonie 8,50/6,50 €.

Okolice Monachium

Południowa Bawaria była kolebką nazistów, nic więc dziwnego, że to właśnie tu założyli pierwszy obóz koncentracyjny.

Dachau

Oddalony o 17 km na północ od Monachium Konzentrationslager (obóz koncentracyjny) powstał w marcu 1933 r. na polecenie Heinricha Himmlera, tego samego, który przedstawicieli innych narodowości nazywał zwierzętami. Obóz istniał niemal do końca wojny i wymordowano w nim co najmniej 32 tys. ludzi (wliczając ofiary w podobozach może to być

Nymphenburg

nawet do 150 tys. osób). Początkowo osadzano tu przeciwników politycznych, księży i Żydów. Prowadzono też szkolenia załóg następnych obozów. Według pierwotnych założeń w barakach mogło się pomieścić do 5 tys. więźniów, ale jeszcze przed wojną dokonano rozbudowy. W czasie wojny masowo przewożono tu więźniów z zagranicy, a gros z nich stanowili Polacy. Niemcy zmuszali więźniów do pracy, głównie w przemyśle zbrojeniowym. Wiele osób zostało rozstrzelanych, zamordowanych podczas przesłuchań i pseudomedycznych badań oraz prawdopodobnie zagazowanych (komora gazowa powstała w 1944 r.). Obóz wyzwolili amerykańscy żołnierze 29 IV 1945 r. na kilka godzin przed planowanym przez Niemców wymordowaniem granatami pozostałych więźniów (ponad 60 tys. osób). Do dziś nie zachowały się baraki, stoi za to komora gazowa. Współcześnie zorganizowano tu wystawę m.in. z przejmującymi fotografiami dokumentującymi obozową codzienność. Do obozu wchodzi się przez bramę z napisem *Arbeit macht frei*, takim samym jak w Auschwitz.

ℹ Konzentrationslager Dachau; ☎08131669970, www.kz-gedenkstaette-dachau.de; codz. 9.00–17.00; bezpł.

Monachium

Gdzie zjeść

Międzynarodowy charakter miasta odzwierciedlają liczne lokale z kuchnią z całego świata. Oczywiście dominują restauracje i piwiarnie bawarskie, zwane zwykle *Gaststätten* lub *Wirtshäuser* (gospody).

Restauracje

Fraunhofer, Fraunhoferstr. 9; zwykle po południu. Tradycyjna restauracja z miejscową kuchnią, ale i daniami jarskimi. Około 1 km na południe od Marienplatz.

Hackerhaus, Sendlinger Str. 14. Bawarska restauracja-browar działająca od XV w. Niedaleko na południowy zachód od Marienplatz. Dania po ok. 10 € i więcej.

Gesund & Köstlich Marienplatz 8; czynne zwykle do 18.30. Świetne miejsce na tani posiłek w samym centrum. Jadalnia, do której wchodzi się z ratuszowego dziedzińca. Kuchnia mało wyszukana, ale za to dużo miejsca.

Ristorante Il Dottore, Pettenkoferstr. 1, nd. zamkn. Włoska restauracja z rustykalnym wystrojem i dziedzińcem na tyłach. Niedaleko Sendlinger Tor, na południe od Karlsplatz. Dania 4,50–31 €.

Pasta e Basta, Fraunhoferstr. 19. Tania włoska restauracja; dania po 13–34 €.

Prinz Myschkin, Hackenstr. 2. Jedna z najlepszych restauracji wegetariańskich w mieście. Kuchnia międzynarodowa. Można zamawiać też połówki

porcji. Blisko *Hackerhaus*, przy bocznej uliczce.

Rathauskantine, Marienplatz 8. Świetne miejsce na tani posiłek w samym centrum. Jadalnia, do której wchodzi się z ratuszowego dziedzińca. Kuchnia mało wyszukana, ale z łatwością można znaleźć miejsce.

Ratskeller, Marienplatz 8. Typowy lokal w ratuszu, z bawarskimi bombami kalorycznymi na talerzach. Popularny ze względu na lokalizację. 6,50–28 €.

Steinheil, Steinheilstr. 16. Niewielka niemiecka restauracja serwująca ponoć największe sznycle wiedeńskie na świecie. Najlepiej zapić je piwem. Kilka przecznic na zachód od Neue Pinakothek. Wieczorem trudno o miejsce.

Weisses Bräuhaus, Tal 7. Nietypowa kuchnia bawarska. Można tu spróbować dań z różnych części ciała zwierząt, jak mózg, płuco czy język. Niedaleko na wschód od Marienplatz.

Kawiarnie, bary i puby

Baader Café, Baaderstr. 47. Można tu wypić piwo, kawę i zjeść niewielki posiłek. 10 min spacerem na południe od Marienplatz.

Barschwein, Franzstr. 3. W Alte Schwabing. Niewielki lokal, z dużym wyborem alkoholi. Wszystkie zamówienia notowane są na karcie, którą trzeba okazać przy płaceniu.

Dreigroschenkeller, Lilienstr. 2. Piwniczny pub do którego niełatwo

dotrzeć, z wnętrzami wzorowanymi na *Operze za trzy grosze* Brechta. Można tu też zamówić coś do zjedzenia. Po wschodniej stronie Deutsches Museum.

Testa Rossa, Sendlingerstr. Popularny lokal ok. 200 m od Asamkirche, w stronę Marienplatz. Sporo stolików bezpośrednio na chodniku.

Gdzie spać

Wybór jest duży, choć ceny – jak zwykle w największych niemieckich miastach – nie należą do atrakcyjnych. Najgorzej jest podczas Oktoberfest, kiedy, już i tak dość wysokie, rosną gwałtownie. Mimo takich kosztów noclegów, wcale nie jest łatwo znaleźć w tym czasie jakikolwiek pokój. Najdroższe hotele są na starówce. Dużo tańszych należy szukać w okolicach dworca kolejo-

62 **Monachium**

wego, choć trzeba się liczyć z tym, że w wielu z nich nie będzie pokoi z łazienkami.

Hotele

Bayerischer Hof, Promenadeplatz 2-6, ☎08921200, www.bayerischerhof.de. Obiekt z długą tradycją, jeden z najlepszych w mieście, z basenem, trzema restauracjami i centralną lokalizacją, dwie przecznice na północ od katedry. ⑥

Platzl Hotel, Sparkassenstr. 10, ☎089237030, www.platzl.de. Również świetna lokalizacja, niedaleko na wschód od Marienplatz. Cztery gwiazdki i liczne udogodnienia. ④-⑥

Excelsior, Schützenstr. 11, ☎089551370, www.excelsior-hotel.de. Wysokiej klasy hotel tuż na wschód od dworca kolejowego. ④

Pension garni Beck, Thierschstr. 36, ☎089220708, www.pension-beck.de. 80 miejsc w skromnym pensjonacie blisko rzeki, ponad 1 km na wschód od Marienplatz. Dojazd z dworca autobusem #17/N17. ②

Pension Frank, Sonnenstraße 7, ☎081238757, www.pension-frank-moosinning.de. Niedaleko lotniska. ②

Hotel garni Monaco, Schillerstr. 9, ☎0895459940, www.hotel-monaco.de. Blisko na południe od dworca. Nazwa brzmi dostojnie, ale są tu różne pokoje, w tym najtańsze bez łazienek. ②-③.

Pension am Hauptbahnhof, Schillerstr. 18, ☎089597673, www.pensionaugsburg-muenchen.de. Przy jednej z ulic na południe od dworca. 50 miejsc o różnym standardzie. ②-③

Tańsze noclegi

Jugendherberge München-Neuhausen, Wendl-Dietrich-Str. 20, ☎08920244490, www.muenchen-neuhausen.jugendherberge.de. Duże schronisko młodzieżowe zrzeszone w HI, w Neuhausen, na północny zachód od centrum. Bywa dość głośno. XII zamkn. 351 miejsc w pokojach 2-6-os. Dojazd U-Bahn #1 do Rotkreuzplatz. ②.

Jugendherberge München-Thalkirchen, Miesingstr. 4, ☎08978576770, www.muenchen-thalkirchen.jugendherberge.de. Na przedmieściu Thalkirchen, na południowy zachód od centrum. Również zrzeszone w HI. 365 miejsc w pokojach 2-15-os. Dojazd U-Bahn #3. ②.

A&O City Hotel, Bayerstr. 75, ☎0894523575700, www.aohostels.com. W pobliżu dworca kolejowego. Można wynająć rowery. Pokój 2-os. od ②, łóżko w „pokoju rodzinnym", czyli sali wieloos. ①-②. Jest też drugi hostel tej sieci przy Arnulfstr. 102 (☎0894523595800), daleko od centrum.

CVJM München-Jugendgastehaus, Landwehrstr. 13, ☎0895521410, www.cvjm-muenchen.org/hotel. 5 min spacerem na południowy wschód od dworca. 85 miejsc w 36 pokojach. Pokój 2-os. ④-⑤, miejsce w sali wieloos. ②

4 you München, Hirtenstr. 18, ☎0895 521660, www.the4you.de. 208 miejsc w 60 pokojach. Nowoczesny wystrój i wegetariańska restauracja. Pokój 2-os. ⑤, miejsce w sali wieloos. ②

Wombat's City Hostel, Senefelderstr. 1, ☎08959989180, www.wombats-hostels.com. Porządne pokoje z łazienkami. Blisko dworca kolejowego. ①–②

Kempingi

Kemping München-Obermenzing (Lochhausener Str. 59, ☎0898112235, www.campingplatz-muenchen.de). Niedaleko zamku Nymphenburg. Dojazd S-Bahn #2 i autobusem, #75. Czynne poł. III–X. ①.

Kemping Nord-West (Auf den Schrederwiesen 3, ☎0891506936, www.campingplatz-nord-west.de). Około 2 km od Olympiapark. ①

Kemping München-Thalkirchen (Zentralländstr. 49, ☎0897231707, www.camping.muenchen.de). Nad brzegiem Izary, 5 km na południowy zachód od centrum. Czynne poł. III–X. Dojazd U-Bahn #3 do Thalkirchen i dalej autobusem #57. ①

Bawaria

Bawaria to najbardziej charakterystyczny niemiecki land: alpejskie łąki, Bawarczycy w krótkich skórzanych spodniach na szelkach, kiełbasa z kapustą, barokowe kościoły, Bayern Monachium – to najczęstsze skojarzenia z tym regionem. Oczywiście nieodsłaniające wszystkich jego oblicz. To nie tylko kolebka konserwatywnego tradycjonalizmu, ale także miejsce silnie uprzemysłowione, przesiąknięte wysoce zaawansowanymi technologiami (z BMW i Audi na czele), nasycone centrami finansowymi na północy kraju i jednocześnie najsilniejszy bastion religii katolickiej w Niemczech.

Alpy i Górna Bawaria

Polacy mają Tatry, a Niemcy Alpy. To właśnie one kształtują powszechne wyobrażenie o Bawarii: łąki z krowami, dżentelmeni w krótkich spodenkach z kuflem w dłoni i zaśnieżone szczyty w tle. Alpy Bawarskie to jeden z najładniejszych (jeśli nie najładniejszy) regionów kraju, co roku tłumnie odwiedzany przez turystów, o czym warto pamiętać szczególnie latem: rosną wówczas ceny, a tańsze miejsca noclegowe trzeba rezerwować z dużym wyprzedzeniem. Najbardziej znanym (i obleganym) pasmem górskim jest Wetterstein z najwyższym szczytem Niemiec, Zugspitze (2962 m n.p.m.), i modnym kurortem Garmisch-

Typowy bawarski krajobraz

PASCAL POLECA

BAWARIA

① Alpy
Najwyższe góry Niemiec z setkami kilometrów szlaków, dziesiątkami kolejek linowych i bogatym folklorem. (s. 64)

② Ratyzbona
Urocza starówka ze starym mostem na Dunaju i średniowiecznym bistro oferującym kiełbaski z kapustą. (s. 84)

③ Norymberga
Cenna architektura i pozostałości po ponurej spuściźnie XX w. (s. 94)

④ Bamberg
Jeden z najładniejszych ośrodków centralnej Europy. Ratusz na wyspie i słynna katedra. (s. 105)

⑤ Rothenburg ob der Tauber
Najsłynniejsze miasteczko na Drodze Romantycznej z obliczem niezmienionym od kilkuset lat. (s. 117)

⑥ Neuschwanstein
Najsłynniejszy zamek na świecie, znany z czołówek filmów Disneya. (s. 135)

-Partenkirchen. W niczym nie ustępuje mu Berchtesgadener Land – cypel wciśnięty między austriackie ziemie, miejsce w Niemczech najdalej wysunięte na południowy wschód. To tu, w najbardziej niedostępnym obszarze, swą górską kwaterę miał Hitler. Równie piękne są szlaki w innych częściach Alp, m.in. te prowadzące przez zwarty masyw Karwendel, u podnóża którego leży uroczy Mittenwald. Sieć transportu w regionie ogranicza ukształtowanie powierzchni. Większą rolę niż w innych częściach Niemiec pełnią tu autobusy. Podróżujący samochodem mogą gdzieniegdzie natrafić na płatne prywatne drogi, np. trasa do Vorderiss na północ od Mittenwaldu (3 €), która stanowi fragment turystycznej Deutsche Alpenstrasse. Dawniej na górskich drogach podróżnych łupili rabusie, teraz odbywa się to w majestacie prawa.

Garmisch-Partenkirchen i Alpy Wetterstein

Głównym ośrodkiem turystycznym Alp Bawarskich jest Garmisch-Partenkirchen (nazywane Ga-Pa; 26 tys. mieszkańców), położone u podnóży najwyższych gór w kraju. Powstało z dwóch wiosek, które połączono w 1936 r. na czas odbywających się tu zimowych igrzysk

66 Bawaria

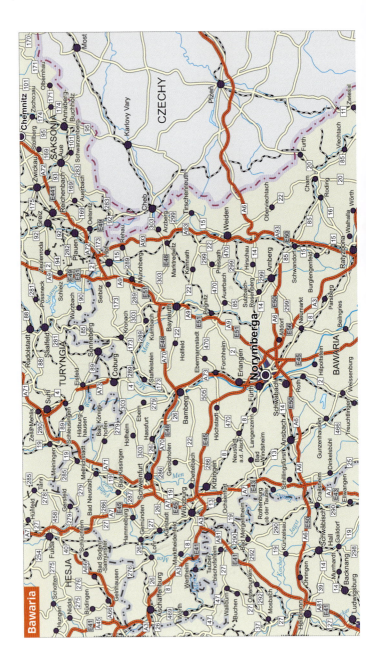

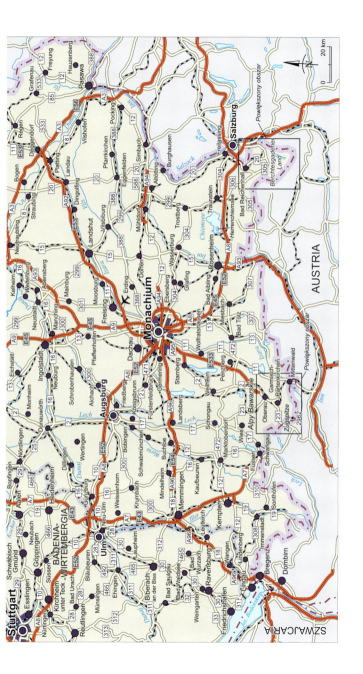

olimpijskich. Miasto znalazło się na pierwszych stronach gazet w 1978 r., kiedy zorganizowano w nim mistrzostwa świata w narciarstwie alpejskim, ostatnia taka impreza odbyła się w 2011 r. W kompleksach uzdrowiskowych często odbywają się darmowe koncerty. Spacerując po centrum Partenkirchen można trafić na charakterystyczne dla tej części Bawarii malowane domy.

Zugspitze Aby „zdobyć" najwyższy szczyt Niemiec, Zugspitze (2962 m n.p.m.; www.zugspitze.de), nie potrzeba nawet dobrej kondycji. Wierzchołek, który stanowi popularne centrum turystyczne, zabudowano obiektami i tarasami widokowymi. Latem w pogodny dzień jest tak tłoczno, że niemal nie sposób się przecisnąć. Są tu punkty gastronomiczne, wystawa prezentująca etapy budowania makiet kolejek, kioski z pamiątkami itp. Bez wątpienia szczyt wygląda dziś zupełnie inaczej niż 26 sierpnia 1820 r., kiedy topograf Józef Naus wraz z miejscowym przewodnikiem zdobyli go po raz pierwszy. Tylko widok ze szczytu, niczym nieograniczony, jest równie wspaniały, jak wówczas. Przy dobrej pogodzie widać stąd Alpy Bawarskie, niemal wszystkie ważniejsze góry Austrii, aż po Großglockner, a niekiedy można dojrzeć nawet szczyty Szwajcarii. Współczesność nie dosięgła jednak najwyższej skalistej kulminacji wzniesienia zwieńczonej krzyżem (kilkadziesiąt metrów od tarasu widokowego). Zugspitze to najwyższe wzniesienie pasma Wetterstein rozciągającego się na południe od Garmisch--Partenkirchen i tworzącego naturalną granicę z Austrią. Od niemieckiej strony można wjechać na szczyt dwoma środkami lokomocji. Jeden z nich to Zahnradbahn (kolej zębata) kursująca z dworca w Ga-Pa nad jezioro Eibsee i dalej, ostro w górę, na lodowiec Schneeferner (2600 m n.p.m.). Jest tu restauracja i punkt przesiadkowy na kolej linową Gletscherbahn wiodącą na szczyt. Druga opcja to wjazd bezpośrednio koleją linową – Eibsee-Seilbahn, znad jeziora Eibsee na wierzchołek.

Znaczną sumę można zaoszczędzić, wjeżdżając na Zugspitze od strony austriackiej. Prosto na górę wyciąga Tiroler Zugspitzbahn. Dolna stacja kolejki znajduje się w Obermoos, niespełna 30 km na południowy zachód od Garmisch-Partenkirchen. Granicę przekracza się bez prze-

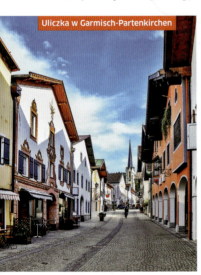
Uliczka w Garmisch-Partenkirchen

Zugspitze

szkód, właściwie nie wiadomo, którędy przebiega, gdyż zlikwidowano wszelkie punkty kontrolne). Zaprawieni wędrowcy mogą zdobyć Zugspitze pieszo, choć wyprawa w dużej mierze zależy od odpowiedniej pogody (najlepiej bezśnieżnej, o co zwykle trudno) i wymaga perfekcyjnego przygotowania łącznie ze świadomością, na co się porywamy. Niektóre odcinki, choć zabezpieczone, mają stopień trudności I/II, czyli więcej niż Orla Perć. Na wejście szlakiem przez dolinę Reintal trzeba przeznaczyć 10–12 godz. (w jedną stronę). Wejście przez Höllental (trudniejsze) to ok. 8 godz.
Znacznie łatwiejsza będzie wędrówka w profesjonalnie zorganizowanej grupie prowadzonej przez np. Bergsteigerschule Zugspitze. Czterodniowa trasa połączona z noclegami w schronisku to koszt od 385 €.

Eibsee-Seilbahn; pierwszy w górę o 7.39, ostatni w dół o 16.30. Przejazd w górę i w dół w dowolny sposób (najlepiej wybrać trasę okrężną) kosztuje 43,50 €/os., 34,50 €/młodzież 16-18 lat, 23,50 €/dzieci 6-15 lat, do 5 lat bezpł.

Tiroler Zugspitzbahn; www.zugspitzbahn.at; 8.40-16.40 co 20 min; 40,50 €/os., 32,50 €/młodzież 16-18 lat, 24,50 €/dzieci 6- 15 lat, do 5 lat bezpł.

Bergsteigerschule Zugspitze; www.bergsteigerschule-zugspitze.de.

Wybrane trasy górskie W górach Wetterstein oznakowano wiele kilometrów szlaków o różnych stopniach trudności. Aby zaoszczędzić siły na najbardziej mozolnych odcinkach, można podjechać kolejkami linowymi, jak Kreuzeckbahn czy Alpspitzbahn. Ciekawa trasa wiedzie doliną Höllental rozpoczynającą się

70 Bawaria

w przysiółku Hammersbach, na południowy zachód od centrum Garmisch. Dolny odcinek to efektowny wąwóz Höllentalklamm (przejście 4 €) ze ścieżką wyrąbaną w wąskiej, skalistej gardzieli, przez którą płynie spieniony potok. Wyżej dochodzi się do przyjemnego schroniska *Höllentalanger Hütte* (1379 m n.p.m.). Stąd najbardziej wytrwali ruszają dalej na sam szczyt. Znakomita większość schodzi na dół albo skręca w lewo, na piękną, łatwą trasę wiodącą górnymi partiami doliny na wschód. Po wyjściu na przełęcz można skierować się w górę, do wyższej stacji wyciągu Alpspitzbahn, lub w dół, w stronę górnej stacji Kreuzeckbahn (oba – zob. wyżej). Można też zejść na kilka sposobów do Garmisch. Jeśli ktoś nie będzie korzystał z wyciągu, musi na powyższą trasę przeznaczyć 6–8 godz.

Po drugiej stronie doliny, w której leży Ga-Pa, wznosi się znacznie niższe pasmo Ammergauer Alpen. Popularna trasa wycieczkowa z Garmisch wiedzie na Kramer Spitze (1985 m n.p.m.), skąd jak na dłoni widać całe pasmo Wetterstein. Góra nie jest wysoka, ale trzeba pamiętać, że startuje się z ok. 700 m n.p.m., tak więc przewyższenie wynosi sporo ponad 1000 m. Na tę wyprawę również trzeba zarezerwować cały dzień.

Symbolem Garmisch-Partenkirchen jest Alpspitze (2628 m n.p.m.): charakterystycznie pochylony skalny kolos, trochę przypominający słowacki Krywań. Wejście nań nie trwa długo, jeśli się skorzysta z kolejki Alpspitzbahn (ok. 2 godz.

Eibsee, widok z Zugspitze

w jedną stronę), ale stopień trudności jest podobny, jak w przypadku zdobycia Zugspitze (nie jest to zatem trasa dla wszystkich).
Jeszcze jeden skalisty kanion w tych stronach to Partnachklamm. Leży niedaleko na południe od Partenkirchen, a prowadzi doń szlak przebiegający w pobliżu stadionu olimpijskiego. Gardziel ma 700 m długości, a ściany wznoszą się na wysokość 80 m. W jednym miejscu 68 m nad potokiem przerzucony został mostek (w 1914 r.). Przez wąwóz wiedzie wygodna ścieżka. Ostatni poważny obryw skalny miał tu miejsce w 1991 r. Zmienił on wygląd południowego krańca kanionu, ale na szczęście odbyło się bez ofiar.

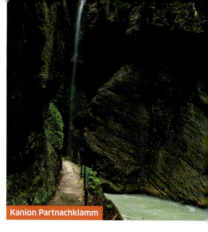
Kanion Partnachklamm

- **Kreuzeckbahn**; 17 €/w jedną stronę, 26 €/powrotny.
- **Alpspitzbahn**; 17 €/w jedną stronę, 26 €/powrotny.
- **Partnachklamm**; latem 8.00–19.00, zimą 9.00–18.00; 4 €/2,50 €.

Mittenwald

Inną znaną miejscowością wypoczynkową jest Mittenwald (ok. 8 tys. mieszkańców), ośrodek położony ponad 20 km na wschód od Ga-Pa, w dolinie u podnóża zwartej górskiej ściany – Karwendelgebirge. Chlubi się nie tylko walorami wypoczynkowymi, ale też długą tradycją produkcji skrzypiec, sięgającą drugiej połowy XVII w. Do dziś działa tu szkoła lutnicza, a wyrabiane w niej instrumenty znane są w całej Europie. Można je zobaczyć w **Geigenbaumuseum**. Ciekawostką Mittenwaldu są również bogato malowane domy ludowe, którym miejscowość zawdzięcza porównanie Goethego do „żywej książki z obrazkami". Tutejszy Pfarrkirche St. Peter und Paul (kościół farny św. św. Piotra i Pawła) to dzieło Josepha Schmuzera. Góry Karwendel nad Mittenwaldem wznoszą się na ponad 2300 m n.p.m. Liczba ta powinna dać wyobrażenie o tym, jak strome są szlaki, zważywszy, że miejscowość leży 900 m n.p.m. Z pomocą niewprawnym wędrowcom przychodzi kolejka linowa – **Karwendelbahn**, druga pod względem wysokości w kraju. Z góry rozciąga się piękny widok m.in. na pasmo Wetterstein i Zugspitze (najlepszy przed południem).

Niezapomniana może być wycieczka do wąwozu Leutaschklamm, na południe od miejscowości, z metalowymi mostkami fantazyjnie przerzuconymi nad przepaścią.

- **Geigenbaumuseum**, Ballenhausgasse 3; ☎088232511; w sezonie wt.–nd. 10.00–17.00, po sezonie wt.–nd. 11.00–16.00; 4,50 €/3,50 €.
- **Karwendelbahn**; www.karwendelbahn.de; w obie strony 26,50 €/os., 16,50 €/młodzież 6–17 lat, w jedną stronę odpowiednio 16,50 € i 11,50 €.

72 Bawaria

Ettal

Niespełna 20 km na północ od Ga-Pa, przy drodze B23 leży mała miejscowość Ettal zdominowana przez dostojny **klasztor Benedyktynów**. Kompleks powstał w latach 1330–1370 na polecenie cesarza Ludwika IV Bawarskiego. Początkowo miał charakter gotycki, o architekturze wzorowanej na kościele św. Grobu w Jerozolimie. Dzisiejszy barokowy wygląd nadała mu przebudowa (1710–1752) pod kierownictwem Enrico Zuccallego (pracował też nad kościołami w Monachium) oraz Josepha Schmuzera. Klasztor to czworoboczny zespół zabudowań otaczających duży trawiasty dziedziniec. W centralnym miejscu stoi owalny kościół o białej fasadzie, z dwiema wieżami po bokach i dużą kopułą (65 m wysokości) pośrodku. Warto zobaczyć jej wewnętrzną część pokrytą wielkim freskiem przedstawiającym gloryfikację Świętej Trójcy. Współgra on z bogatym rokokowym wyposażeniem pozostałej części kościoła wykonanym m.in. przez Martina Knollera i Jana Baptystę Zimmermanna. Pamiątką po dawnej architekturze jest rzeźbiony romański portal, który prowadzi do wnętrza świątyni. Z Ga-Pa do ettalskiego klasztoru dowozi autobus RVO #9606.

Klasztor Benedyktynów; latem 8.00-19.45, zimą 8.00-18.00.

Schloss Linderhof

Linderhof

Szalony król bawarski Ludwik II zostawił po sobie prócz zamku Neuschwanstein również uroczy **Schloss Linderhof** (zamek Linderhof). Wznosi się w odludnym miejscu, w uroczej dolinie w górach Ammergau. Można tu dojechać jedynie boczną drogą odbiegającą od B23 w okolicach Ettal. Rezydencję Ludwika wzniesiono w latach 1874–1878, według projektu Georga von Dollmanna, częściowo wzorowanego na jednym z pałaców w Wersalu. Jest tu sala lustrzana, wzorowana na tej w monachijskim Residenz, oraz jadalnia z ruchomym stołem, dzięki któremu służba nieoglądana przez Ludwika mogła usługiwać władcy, który nie przepadał za towarzystwem. Pałac stanowi harmonijną całość z otaczającym go parkiem (52 ha). Są tu przystrzyżone trawniki, sztuczne kaskady, złocone figury, a także staw z fontanną tryskającą

na wysokość 32 m. Park naturalnie rozciąga się też na sąsiednie wzgórza. Można w nim znaleźć rozmaite budowle, jak sztuczną Venusgrotto (Grota Wenus) z jeziorkiem, po którym Ludwik pływał fantazyjną łodzią, słuchając fragmentów opery Wagnera *Tannhäuser*. Ładny pawilon Marokkanisches Haus (Dom Marokański), blisko wejścia do kompleksu, wzniesiony w 1867 r. na Wystawę Światową w Paryżu. Rosną przed nim dwa bananowce, a pstrokate wnętrze wygląda jak żywcem przeniesione z Maghrebu. Samochodem można tu dojechać od strony Oberammergau i Ettal. Na miejscu jest duży, płatny parking. Do zamku kursują też autobusy #9622 z Oberammergau i #9606 z Ga-Pa. Przy parkingu wzniesiono kompleks turystyczny z restauracją i sklepami z pamiątkami. Działa tu także *Schlosshotel*.

- **Schloss Linderhof**; ☎0882292030; codz. 9.00–18.00, po sezonie 10.00–16.00; 8,50/7,50 € bilet zbiorczy, tylko budowle parkowe z grotą 5/4 €.
- **Schlosshotel**; ☎08822790, www.schlosshotel-linderhof.de; ③.

Wieskirche

Najpiękniejszy rokokowy kościół w Niemczech skrywa się w maleńkiej osadzie Wies, ok. 50 km na północ od Garmisch-Partenkirchen (trzeba jechać drogą B23, w okolicach Echelsbach skręcić w lewo, po czym jeszcze raz w lewo, podążając za drogowskazem). Wzniesiony

został w latach 1745–1754 z funduszy pobliskiego klasztoru ze Steingaden. Wykonali go dwaj bracia Zimmermann: Dominik (architekt) oraz Johann (malarz i sztukator). Powodem wzniesienia świątyni miał być cud z 1738 r., kiedy to miejscowa chłopka zobaczyła łzy w oczach drewnianego Chrystusa Frasobliwego. Wkrótce zaczęło tu przybywać tylu pielgrzymów, że konieczne stało się zbudowanie kościoła. Co ciekawe, na początku XIX w. planowano zlicytowanie i zburzenie obiektu. Na szczęście udało się tego uniknąć. W 1983 r. kościół został wpisany na listę UNESCO.
Świątynię wzniesiono na planie owalu o wymiarach 29 na 25 m. Od zewnątrz jest raczej skromna, a pogrubiona nawa, wydłużone prezbiterium i niewielka wieża z przodu mogą nasuwać skojarzenia z pełznącym ślimakiem. Za to wnętrze to prawdziwa feeria fresków, marmurów, złoceń i sztukaterii. Nie ma tu jednak mowy o przesycie – wszystko w idealnych proporcjach tworzy przepiękną harmonię.
Co ciekawe, Dominik Zimmermann po wybudowaniu obiektu uznał, że tu chce spędzić resztę swego życia. Tak też zrobił. Dziś w jego domu działa restauracja. By móc lepiej przyjrzeć się świątyni, warto udać się na krótki spacer drogą pośród pól na tyłach budowli.

i Codz. latem 8.00–20.00, zimą do 17.00.

Chiemsee

Największym jeziorem Bawarii, zwanym Bawarskim Morzem, jest Chiemsee, rozciągające się tuż na północ od autostrady A8 wiodącej z Monachium do Salzburga. Ma długość 18 km i szerokość do 14 km. Widokowo najbardziej atrakcyjny jest brzeg północny. Obserwując stąd jezioro, widać w tle wyraźne wierzchołki masywu Chiemgauer Alpen. Miejsce to od dawna przyciągało miłośników pięknych krajobrazów. Na jednej z wysp już w VIII w. osiedliły się benedyktynki, a ponad tysiąc lat później na drugiej jeden ze swoich zamków nakazał wznieść Ludwik II. Dziś obie wyspy często odwiedzają turyści, a nad jezioro tłumnie przybywają żeglarze.

Herrenchiemsee Blisko zachodniego brzegu jeziora na wysokości Stock (przysiółek Prien) leży największa wyspa w 1873 r. zakupiona przez Ludwika II. Zamierzał wybudować na niej **Schloss Herrenchiemsee** (zamek Herrenchiemsee). „Szalony" król zapragnął, aby jego rezydencja przewyższyła rozmachem Wersal, jednak niedostatek pieniędzy nie pozwolił spełnić tych ambicji. Niemniej to co zbudowano, wygląda imponująco. Jest tu m.in. niezwykła podwójna klatka schodowa ze szklanym dachem, Grosse Spiegelgalerie (Wielka Lustrzana Galeria), licząca prawie 100 m długości, czy urokliwa Kleines Blaues Schlafzimmer (Mała Niebieska Sypialnia). W cenie biletu jest też wstęp do König-Ludwig II-Museum, gdzie zgromadzono pamiątki po ekscentrycznym władcy. W północnej części wyspy stoi czworokąt zabudowań dawnego klasztoru augustiańskiego, gdzie w 1998 r. otwarto muzeum

Wnętrze Wieskirche

poświęcone historii kompleksu oraz samego pałacu. Jest tu też galeria prac malarza Juliusa Extera, który na przełomie XIX i XX w. tworzył nastrojowe bawarskie pejzaże. Na wyspę można się dostać **promem** wypływającym m.in. ze Stock.

i Schloss Herrenchiemsee;
www.herren-chiemsee.de;
wycieczki z przewodnikiem IV-poł. X codz. 9.00-18.00, poł. X-III codz. 9.40-16.15, ostatnie wejście ok. 1 godz. przed zamkn.; 8 €/7 €, bilet obejmuje też muzeum Ludwika II i galerie w dawnym klasztorze augustiańskim.

i Prom; www.chiemsee-schifffahrt.de; ok. 8 € w obie strony.

Monastyr Benedyktynek na Fraueninsel

Fraueninsel Kawałek dalej na wschód leży znacznie mniejsza wyspa – Fraueninsel. Wyspa była zamieszkiwana znacznie wcześniej niż wspomniana Herrenchiemsee. Pierwszy monastyr benedyktynek powstał tu w 766 r. W stojącym do dziś kościele zachowały się znaczne fragmenty zabudowań z X w. (młodsza jest cebulasta kopuła wieńcząca dzwonnicę). Stoi tu też preromański budynek Torhalle (IX w.), w którym odbywają się wystawy sztuki.
Na wyspę regularnie kursują promy ze Stock i Felden na południowym brzegu, na północ od Bernau.
i **Prom**; 8,70 €.

Berchtesgadener Land
Najwyższym szczytem Alp Bawarskich jest Zugspitze, ale to Watzmann (2713 m n.p.m.) uważany jest za najpiękniejszy. Owiany legendami, poszarpany masyw wznosi się nad miejscowością Berchtesgaden i uroczym regionem Berchtesgadener Land z wysokimi górami, niezwykłym jeziorem Königssee i filigranowymi rokokowymi kościółkami. Ten magiczny region, z trzech stron otoczony terenami należącymi do Austrii, stanowił niegdyś najmniejsze państwo należące do Świętego Cesarstwa Rzymskiego. Dziś jego najcenniejsze obszary chroni park narodowy. Mówiąc o tym pięknym miejscu, nie sposób nie wspomnieć o najciemniejszym okresie jego historii – czasach III Rzeszy. To właśnie tu znajdowała się górska kwatera Hitlera, słynne Orle Gniazdo, dziś tłumnie odwiedzane również dla pięknych widoków, jakie się stąd rozciągają.

Berchtesgaden i okolice
Główną miejscowością regionu jest wciśnięty między sterczące góry Berchtesgaden (ok. 7,7 tys. mieszkańców). Najstarsze wzmianki o nim pochodzą z 1102 r. i dotyczą eksploatacji miejscowych pokładów soli. To właśnie białe złoto przez stulecia było jednym z głównych

źródeł dochodów mieszkańców. Kolejnym stała się turystyka, której rozwój rozpoczął się równie wcześnie, bo już od początku XIX w. Pojawiali się tu oczarowani krajobrazami członkowie władającego Bawarią rodu Wittelsbachów.

Centrum W centrum miasta stoi **Königliches Schloss** (zamek królewski), dziś jako muzeum własnej świetności. Przylega do zgrabnego **St. Peter und Johann Kirche** (kościół św. św. Piotra i Jana) – poaugustiańskiej świątyni z 1200 r. przebudowanej w 1515 r. Neoromańskie wieże pochodzą z drugiej połowy XIX w. Naprzeciwko kościoła, po drugiej stronie dziedzińca ciągnie się arkadowy **Kassierhaus** z XV–XVI w. pokryty malowidłami wyobrażającymi m.in. dzieje dwóch wojen światowych.

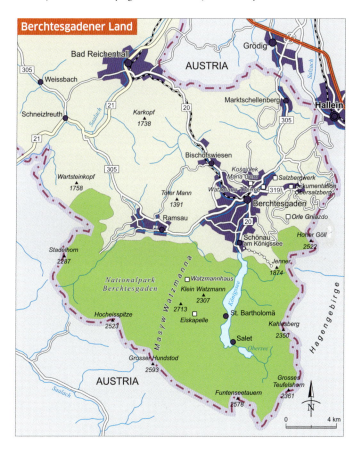

78 Bawaria

Do kompleksu zamkowego od południa przylega podłużny **Markt**. Na nim wznosi się fontanna z lwem na kolumnie (1677), a przy nim narożny Hirschenhaus (1504) – dawny zajazd z wymalowanymi ścianami i owalną wieżą (1894).
Po drugiej stronie zespołu zamkowego stoi jeszcze jeden kościół, XIII-wieczny **Andreaskirche** (kościół św. Andrzeja) z pojedynczą wysoką wieżą. Po przeciwnej stronie spogląda na niego żółty ratusz. Warto pójść nieco dalej na północ ulicą Nontal. Naprzeciw parkingu i restauracji *Akropolis* odbija w górę ścieżka, która wspina się zakosami na punkt widokowy Lockstein (ok. 15 min marszu). Rozciąga się stąd wspaniała panorama miasta z dwoma potężnymi rogami Watzmanna w tle (najlepsze zdjęcia przed południem).

Königliches Schloss, Schlossplatz 2, ☎08652947980, www.schloss-berchtesgaden.de/de; zwiedzanie z przewodnikiem poł. V-poł. X nd.-pt. 10.00-13.00 i 14.00-17.00, ostatnie wejście o 12.00 i 16.00, poł. X-poł. V pn.-pt. 11.00 i 14.00; 9,50/8/4 €.

Salzbergwerk Północno-wschodnie obrzeża miasta zajmuje dobrze oznakowana **kopalnia soli** o tradycjach sięgających 1515 r. Zwiedzanie odbywa się w górniczych strojach pod okiem przewodnika. Zadbano tu o liczne atrakcje, takie jak zjazd w głąb góry po drewnianej zjeżdżalni, pływanie po podziemnym jeziorku czy oglądanie katedry

Kehlsteinhaus

solnej. Kopalnia jest świetnym miejscem do wypraw z dziećmi. Z dworca kolejowego można tu dojechać autobusem RVO #840 lub 848.

i Bergwerkstr. 83, ☎0865260020, www.salzbergwerk.de/de; codz. V-X codz. 9.00-17.00, XI-IV codz. 11.00-15.00; 16 €/os., 9,50 €/ dzieci 4-16 lat, bilet rodzinny dla maksymalnie 5 os. 43,50 €.

Watzmann Therme Berchtesgaden pełni też funkcję uzdrowiska. Między kopalnią a centrum znajduje się kompleks **basenów leczniczych**. Jest tu m.in. sauna, baseny pod dachem i na wolnym powietrzu. Dojazd jak do kopalni.

i Bergwerkstr. 54, ☎0865294640, www.watzmanntherme.de; nd.-czw.10.00-22.00, pt.-sb. do 23.00; pn. sauna dla pań; 10,90 €/2 godz., 14,30 €/4 godz., 16,50 €/dzień, dla dzieci i młodzieży znaczne zniżki.

Dokumentation Obersalzberg
Bardzo ważnym miejscem jest Dokumentation Obersalzberg ulokowane 3 km na wschód od Berchtesgaden, dokąd wiedzie droga B319 o szalonym nachyleniu (kursuje też autobus #838). W XIX w. powstało tu osiedle turystyczne, zmienione w latach 30. ubiegłego wieku w Berghof – południową siedzibę rządu nazistów (a także luksusowy ośrodek dla prominentów III Rzeszy). To właśnie tu odbyło się pierwsze ze spotkań, które zakończył układ monachijski, pozwalający Niemcom zająć Czechosłowację w zamian za iluzoryczną wizję pokoju na świecie. Dziś kompleks jest całkowicie zniszczony, jedynie w jednym baraku utworzono wystawę dokumentującą mroczne czasy III Rzeszy.

i Salabergstr. 41; ☎08652947960, www.obersalzberg.de; IV-X codz. 9.00-17.00, XI-III wt.-nd. 10.00-15.00, ostatnie wejście 1 godz. przed zamkn.; 3 €, studenci i dzieci bezpł.

Orle Gniazdo Na szczycie Kehlstein (1834 m n.p.m.) górującym wysoko nad Obersalzbergiem stoi Kehlsteinhaus, wzniesiony specjalnie na 50. urodziny Hitlera. Rozciągająca się stąd panorama jest jedną z piękniejszych w regionie, ale mówi się, że cierpiący na lęk wysokości Führer zbytnio za nią nie przepadał. Budynek wygląda

80 Bawaria

jak zwykłe schronisko i częściowo taką funkcję pełni (jest tu restauracja). Równie atrakcyjny, jak Orle Gniazdo, jest dojazd do niego. Najpierw autobusem do Obersalzbergu (lub samochodem – przy Dokumentation jest wielki parking). Tu trzeba się przesiąść na specjalny autobus (16 €) kursujący w górę wąską szosą, uchodzącą za najbardziej malowniczą w kraju (niedostępną dla samochodów). Oszczędni mogą podejść pieszo, ale w obie strony to prawie cały dzień marszu. Na sam szczyt wjeżdża się windą (124 m). Wjazd jest możliwy tylko w sezonie letnim (poł. V–X) i przy dobrej pogodzie.

Barokowe kościoły

Jeden z bardziej charakterystycznych obrazków w folderach reklamujących Berchtesgadener Land to wiejski barokowy kościółek na tle gór. Najczęściej fotografuje się dwa kościoły. Pierwszy z nich stoi w przysiółku Gern, jakieś 2 km na północ od centrum i znacznie wyżej (ulicą Nontal i dalej w górę). Kościółek Maria Gern wygląda jak barokowo-rokokowa zabawka. Powstał na początku XVIII w. Jego nazwa wywodzi się od miejscowej figury Matki Boskiej, dawnego celu pielgrzymek. Ściany kaplicy są biało-różowe, a o wiejskim charakterze przypominają kryte gontem dach i urocza „cebula" na wieży. Wewnątrz wzrok przykuwa sklepienie przyozdobione stiukami i plafonowymi malowidłami.

Drugi kościół, znany z wielu widoków, stoi w Ramsau, 12 km na zachód od Berchtesgaden. Jest nieco większy, ale równie uroczy. Powstał w 1512 r. Przed nim rozciąga się

Kościół Maria Gern

Panorama na Königssee i kościół St. Bartholomä

stary cmentarz, a skaliste szczyty w tle sięgają ponad 2200 m n.p.m.

Góry i Königssee

Niezależnie od kulturowych wartości regionu to przyroda jest jego największym skarbem. Dla wędrowców górskich przygotowano szlaki o różnych stopniach trudności. Ale też ci, którzy nie przepadają za wspinaczką, nie będą czuć się pokrzywdzeni. Czeka na nich wiele alternatywnych rozwiązań, choćby rejsy statkami po jeziorze Königssee lub kolejki linowe dowożące do wspaniałych punktów widokowych.

Königssee Jezioro Königssee, 5 km na południe od Berchtesgaden, to najwyżej położony i najczystszy akwen w Niemczech. Prawdopodobnie też najpiękniejszy. Podłużny, nieregularny kształt wynika z lokalizacji jeziora między masywem Watzmanna a granicznym pasmem Hagengebirge. Pewnie dlatego wielu kojarzy się z norweskim fiordem. Długość akwenu wynosi 8 km, a szerokość – do 1,25 km. Średnia głębokość to 150 m (maksymalna 200 m), a lustro wody sięga 602 m n.p.m. Najbardziej atrakcyjny sposób na podziwianie idyllicznych krajobrazów to rejs stateczkiem pokonującym całą długość jeziora. Statki odpływają z przysiółka Schönau am Königssee, do którego można dojechać z dworca w Berchtesgaden autobusami RVO #839, 841 lub 843. Dociera się do wioski St. Bartholomä, do której zresztą nie ma innej drogi dojścia, nie licząc wspinaczki przez wysokie góry. Stoi tu charakterystyczny kościółek kryty czerwonymi „cebulami", pięknie wkomponowany w górskie tło. Z St. Bartholomä popularny szlak spacerowy wiedzie do Eiskapelle (Kaplica Lodowa), naturalnego lodowego tworu, który zimą przekracza 200 m wysokości. Bezpośrednio nad nim wznosi się słynna Ostwand – wschodnia ściana

Widok na Königssee ze szczytu Jenner

Watzmanna. Jest to najwyższa ściana górska w Alpach i jedno z najpoważniejszych wyzwań alpinistycznych. Pierwszy raz została zdobyta w 1881 r. i od tej pory zabrała życie ponad 90 śmiałkom.
Statki płyną dalej do przysiółka Salet na południowym brzegu (z St. Bartholomä 4,20 €/2,10 €). Rozpoczyna się tu kilka szlaków, m.in. do Obersee – Górnego Jeziora położonego tak naprawdę niewiele wyżej.

i **Rejs po jeziorze**, Seestr. 55, ☎0865296360, www.seenschifffahrt.de; latem codz. od 8.00 często; 13,90/6,95 €.

Jenner Najlepszym punktem do obserwowania jeziora z góry jest szczyt Jenner (1874 m n.p.m.), w którego pobliże wwozi kolejka linowa. To właśnie stąd jezioro przypomina nieregularny fiord (najlepsze zdjęcia wyjdą przed południem).

Przy pośredniej i górnej stacji zaczynają się liczne szlaki pozwalające m.in. zejść pieszo do Schönau.

i **Kolejka linowa**; ☎0865295810, www.jennerbahn.de.

Watzmann i okolice Góra Watzmann (2713 m n.p.m.) to symbol Berchtesgaden. Wygląda pięknie z każdej strony, szczególnie od miasta Berchtesgaden, gdzie widoczny jest główny stożek, kilka mniejszych na lewo od niego, zwanych pieszczotliwie Watzmannkinder (Dzieci Watzmanna) oraz zamykający masyw Klein Watzmann, znany też jako Watzmannfrau (Pani Watzmannowa). Szlak na szczyt to wspaniała, choć trudna trasa. W górnych partiach prowadzi terenem pełnym przepaści, a trudności momentami osiągają I i II stopień, czyli więcej niż na Orlej Perci. Dzięki dobrym metalowym zabezpieczeniom, nie jest potrzebny specjalistyczny sprzęt. Trasa rusza na wschodnich obrzeżach Ramsau, skąd prowadzi do dużego schroniska Watzmannhaus (1928 m n.p.m.; 4 godz.). Stąd trawers szczytu przez kolejne wierzchołki trwa następne 4–5 godz., a potem jeszcze kilkugodzinne zejście doliną Wimbachtal. Większość wędrowców rozkłada wędrówkę na dwa dni, nocując w *Watzmannhaus*. Inny ciekawy wariant to szlak okrężny wokół Watzmanna. Jest to połączenie tras 412, 419 i 421. Rusza się z St. Bartholomä, dalej podejście na przełęcz na południe od Watzmanna (1798 m n.p.m.) i zejście doliną Wimbachtal. To również wyprawa na cały dzień.

i Watzmannhaus; ☎08652964222, www.davplus.de/watzmannhaus.

Altötting

Miasto Altötting (13 tys. mieszkańców), leżące na wschód od Monachium, nieopodal austriackiej granicy, to jedno z głównych centrów pielgrzymkowych w Niemczech. Pątnicy wędrują do tutejszej figury Czarnej Madonny (1330), która pod koniec XV w. wskrzesiła dwie osoby. Cudowną rzeźbę umieszczono w srebrno-złotym ołtarzu w Gnadenkapelle na głównym placu w mieście (Kapellplatz). Kaplica pochodzi jeszcze z czasów karolińskich (ok. 700 r.), a dzisiejszy jej kształt nadano w 1494 r. Wokół ciągnie się otwarte na zewnątrz obejście (1517), niemal w całości wyłożone dziękczynnymi obrazkami Madonny. Wewnątrz, prócz ołtarza z cudowną figurą, znajdują się też urny z sercami bawarskich władców, m.in. Ludwika II.

Południową część placu zajmuje romańsko-gotycki Stiftskirche (kolegiata) z kamiennym korpusem i dwiema żółtymi wieżami. Pośrodku w prawej nawie są drzwi prowadzące do krużganków z gotyckimi sklepieniami i marmurowymi płytami nagrobnymi. Jest tu też kaplica Tilly'ego, upamiętniająca jednego z bardziej zasłużonych bawarskich generałów w czasie wojny trzydziestoletniej. Na dole stoi jego trumna – częściowe przeszklenie pozwala dostrzec czaszkę dowódcy. Przy kościele jest też Schatzkammer (skarbiec) z Goldenes Rössl (ok. 1400 r.), czyli figurą Złotego Rumaka, wykonaną w Paryżu dla króla Francji Karola VI. Po wschodniej stronie placu wznosi się żółty barokowy Magdalenenkirche (ok. 1700 r.), świątynia dawnego

Magdalenenkirche w Altötting

klasztoru Kapucynów. Na ścianie na lewo od fasady można dojrzeć rzeźbę Jana Pawła II, który odwiedził Altötting w 1980 r. Drogowskazy wiodą stąd dalej na wschód, do rotundy z *Panoramą* – monumentalnym obrazem religijnym Gebharda Fugela i Josepha Kriegera.

i **Rotunda z *Panoramą*,** Gebhard Fugel Weg 10, www.panorama-altoetting.de; III-X codz. 10.00-17.00, XI-II sb. i nd. 11.00- 15.00; 4,50/2 €.

Wschodnia Bawaria

Dużym plusem wschodniej części landu jest niewielkie zaludnienie – prawdziwy atut w zatłoczonych na ogół Niemczech. Są tu też dwa piękne, bardzo różne od siebie miasta – Ratyzbona i Pasawa. Bawarski Las wraz z czeską Szumawą to jeden z największych kompleksów leśnych w tej części Europy.

Ratyzbona

Jednym z ciekawych miast Bawarii jest Ratyzbona (Regensburg; 130 tys. mieszkańców) leżąca nad Dunajem, ponad 100 km na północ od Monachium. Miasto szczyci się długą historią zapoczątkowaną przez Celtów, którzy założyli tu osadę Radasbona (ok. 400 r. p.n.e.). Czasy największej świetności trwały od XIII do XV w. – wtedy też powstało wiele budowli, które przetrwały do dziś. Od 1663 do 1803 r. w starym ratuszu obradował Nieustający Sejm Świętego Cesarstwa Rzymskiego. Przybywali nań delegaci z całego kontynentu, budując wystawne pałace. Takie przedsięwzięcia z racji zwolnienia z podatku były bardzo korzystne. Na początku XVIII w. ustanowiono niezależne księstwo Ratyzbony, ale już kilka lat później Napoleon wcielił je do Bawarii. Dzisiejsze miasto to wspaniała starówka wpisana w 2006 r. na listę UNESCO oraz przemysłowe przedmieścia z fabrykami takich potentatów jak Siemens czy BMW. Dużym plusem ratyzbońskiej starówki są ulice zamknięte dla ruchu samochodowego. 1200 budynków ma tu status zabytków.

Most i okolice Symbolem miasta jest Steinerne Brücke (Kamienny Most; 310 m długości). Wzniesiony został w latach 1135–1146 i stanowił wzór dla innych mostów w regionie, m.in. słynnego Mostu Karola w Pradze. Przez długie lata był jedynym ufortyfikowanym mostem na Dunaju. Z broniących go wież zachowała się tylko południowa – morelowa budowla, w której działa **Brückturm-Museum** z niewielką ekspozycją poświęconą historii mostu. Przylega do niej masywny budynek z małymi okienkami – Salzstadel (skład soli; XVII w.). Jego wnętrze jest zwykle otwarte i można je przejść na przestrzał, wychodząc prosto na *Historische Wurstküche*.

i **Brückturm-Museum,** Weisse-Lamm--Gasse 1; IV-X wt.-nd. 10.00-19.00; 2 €/1,50 €.

Dom i okolice Ratyzbońska **katedra** to najwspanialsza gotycka budowla barokowej Bawarii; widać to już z daleka po dwóch gigantycznych wieżach. Kościół zaczęto

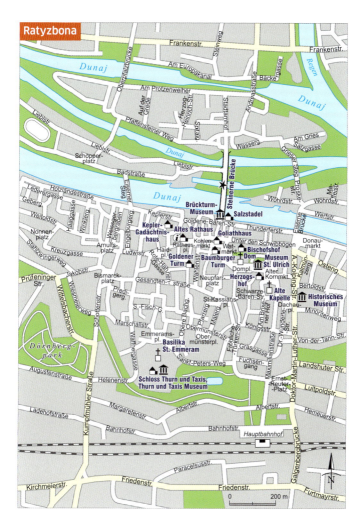

wznosić w XIII w., a poszczególne partie dodawano w kolejnych stuleciach. Wspomniane wieże, osiągające 105 m wysokości, powstały dopiero w latach 1859–1869. U ich podnóża znajduje się główne wejście z portalem oflankowanym rzeźbami świętych. Fasadę zdobi wyobrażenie patrona świątyni w łodzi, św. Piotra. Najbardziej kontrowersyjną rzeźbę, o zdecydowanie antysemickim charakterze, umieszczono z południowej strony. Przedstawia ona świnię karmiącą Żydów.

86 Bawaria

Przestrzenne wnętrze skrywa sporo ciekawostek. Po obu stronach głównego wejścia można dojrzeć figury diabła i… babci diabła ostrzegające wychodzących przed pokusami. Spośród witraży wyróżnia się ten przedstawiający św. Piotra (1320–1330) w południowej ścianie na wysokości ołtarza. Można go poznać po jasnej brodzie i złotym kluczu w prawej dłoni. Przy kolumnie w pobliżu ołtarza umieszczono figurę roześmianego Archanioła Gabriela wykonaną ok. 1280 r. przez artystę zwanego Mistrzem św. Erminolda. Uważa się ją za szczytowe osiągnięcie gotyckiej rzeźby we wschodniej Bawarii. Naprzeciw znajduje się figura Dziewicy tego samego twórcy. Warto też zadrzeć głowę i zerknąć na krzyżowe sklepienie, 32 m ponad nawą. **Domschatzkammer** (katedralny skarbiec) od strony północnej zawiera cenne przedmioty sakralne powstałe w ciągu ostatniego tysiąclecia.

Podobną kolekcję po remoncie podziwiać będzie można w **Museum St. Ulrich** mieszczącym się w ładnym, romańsko-gotyckim kościele św. Ulryka, na tyłach katedry. Warto zajrzeć na dziedziniec dawnego Bischofshof (pałac biskupi) przylegającego do katedry od północy, skąd rozciąga się ciekawa panorama świątyni (właśnie z tej strony jest skarbiec). Można tu wejść od zachodu lub od północy, z ulicy Unter den Schwibbögen. Bardziej atrakcyjny jest ten drugi wariant, gdyż przechodzi się przez częściowo zachowany rzymski łuk – Porta Pretoria (179 r. n.e.). To fragment dawnej wieży obserwacyjnej, który został odkryty dopiero w czasie prac konserwatorskich przeprowadzonych w 1887 r.

i **Dom**, Domplatz; www.regensburger dom.de; IV-V i X 6.30-18.00, VI-IX 6.30-19.00, XI-III 6.30-17.00.

i **Domschatzkammer**; IV-XII wt.-sb. 10.00- 17.00, nd. 12.00-17.00, I-III pt.-sb. 10.00- 17.00, nd. 12.00-17.00; 3/1,50 €.

i **Museum St. Ulrich**, Domplatz 2; nieczynne do 2017 r.

Za katedrą Między **kościołem św. Ulryka** (po prawej za katedrą) a romańskim **Herzogshof** (pałac książęcy) znajduje się przejście z Domplatz na **Alter Kornmarkt**. Z jego południowej strony stoi **Alte Kapelle** (Stara Kaplica) zbudowana na miejscu świątyni istniejącej tu już w czasach karolińskich. Jej niepozorny wygląd nie powinien uśpić czujności

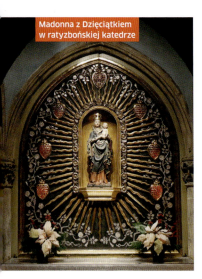

Madonna z Dzieciątkiem w ratyzbońskiej katedrze

Panorama Ratyzbony

zwiedzających. Wnętrze to prawdziwa rokokowa symfonia, ze wspaniałymi sztukateriami, złoceniami i plafonowymi malowidłami. Większość zdobień wykonał Anton Landes. Przecznicę na wschód stąd działa **Historisches Museum** (Muzeum Historyczne). Jest to olbrzymia placówka zajmująca przestrzenie dawnego klasztoru Minorytów. Prezentuje dzieła sztuki z różnych okresów historycznych, m.in. piękne średniowieczne tkaniny z Altes Rathaus czy dawny ołtarz kościoła św. Ulryka.

i **Historisches Museum**,
Dachauplatz 2-4, ☎09415072448; wt.-nd. 10.00-16.00; 5/2,50 €.

Altes Rathaus i okolice Najważniejszym miejscem w zachodniej części starówki jest Rathausplatz/Kohlenmarkt i to nie dlatego, że działa przy nim najstarsza niemiecka kawiarnia. Zachodnią ścianę placu zajmuje Altes Rathaus (Stary Ratusz) – żółta gotycka budowla z XV w. z XIII-wieczną wieżą i charakterystycznym wykuszem w fasadzie. To właśnie tu od 1663 r. do początku XIX w. obradował Immerwährender Reichstag, czyli Nieustający Sejm Rzeszy. O tych czasach przypomina dziś **Reichstagmuseum**. Trasa zwiedzania zahacza m.in. o Reichssaal (Sala Rzeszy), Blauer Saal (Błękitna Sala) oraz o podziemia, w których znajdowały się sale tortur. Budowla połączona jest z Neues Rathaus (Nowy Ratusz; XVII/XVIII w.). Znamienne dla zabudowy Ratyzbony są wysokie wieże stawiane przez bogatych kupców na wzór pałaców obronnych w północnych Włoszech. Tu jednak nie chodziło o aspekt obronny, lecz o symbol bogactwa wyrażony w wysokości budowli (górna część wieży pozostawała bezużyteczna i w wielu przypadkach jest tak do dziś). W czasach świetności stało tu 60 wież, obecnie zachowała się mniej więcej jedna trzecia. Jedna z najładniejszych to

88 Bawaria

różowa Baumburger Turm przy Watmarkt, na wschód od Rathausplatz. Ma półokrągłą loggię i renesansowe okna na pięciu kolejnych kondygnacjach. W pobliżu w Goliathhaus (Watmarkt 5) mieszkał przez jakiś czas Oskar Schindler, uwieczniony w filmie Stevena Spielberga. Warto zobaczyć też Goldener Turm (Złota Wieża) przy Wahlenstr. odchodzącej na południe od Rathausplatz.
Zainteresowani astronomią mogą odwiedzić Kepler-Gadächtnishaus (Dom Pamięci Keplera; Keplerstr. 5; sb. i nd. 10.30–16.00; 2,20 €/1,10 €), w którym mieszkał znany astronom i matematyk Jan Kepler. Obiekt znajduje się na północ od ratusza, blisko rzeki.

i Reichstagmuseum; zwiedzanie z przewodnikiem IV-X codz. 9.30-12.00 i 13.30-16.00, co 30 min, w jęz. angielskim o 15.00, poza sezonem rzadziej; 7,50/4 €.

Schatzkammer Południową część starówki zajmuje rozległy kompleks zabudowań **pałacu rodowego** książęcej dynastii Thurn und Taxis. Powstał on na przełomie XV i XVI w. i był wówczas jednym z najnowocześniejszych w Europie. Władcy mieli m.in. spłukiwane toalety i centralne ogrzewanie. Wewnątrz można też zobaczyć **Schatzkammer** prezentujący kolekcję kosztowności i cennych mebli należących do dynastii.
Książęcy pałac powstał po przebudowie zabudowań klasztornych wcześniejszego klasztoru Benedyktynów założonego ok. 700 r. Zachowała się po nim romańska Basilika St. Emmeram (bazylika św. Emmerama; pt. i nd. zamkn. w czasie mszy), z rokokowym wnętrzem autorstwa braci Asamów z Monachium. Są tu m.in. freski na sklepieniu przedstawiające męczeństwo patrona oraz żywot św. Benedykta. W krypcie spoczywają szczątki pierwszych biskupów Ratyzbony.

i Schloss Thurn und Taxis, Emmeramsplatz 6, www.thurnundtaxis.de; zwiedzanie z przewodnikiem IV- X premium tour codz. 10.30, 12.30, 14.30 i 16.30, kompakt-tour codz. 11.30, 13.30 i 15.30, XI-III sb. i nd. premium tour 10.30, 13.30, i 15.30, kompakt-tour 11.30 i 14.30; premium tour 13,50/11 €, kompakt

Walhalla

tour 10/8,50 €, w cenie zwiedzanie klasztoru św. Emmerama.

Thurn und Taxis Museum; **Schatzkammer**, IV-X pn.-pt. 11.00-17.00, sb. i nd. 10.00-17.00, XI-III sb. i nd. 10.00-17.00; 4,50/3,50 €.

Walhalla

Ponad 10 km na wschód od Ratyzbony na wysokim brzegu Dunaju (w pobliżu miejscowości Donaustauf) wznosi się Walhalla – panteon niemieckich bohaterów narodowych, wzorowany na Partenonie ateńskim. Wzniósł go w latach 1830–1842 znany architekt, Leo von Klenze, na polecenie króla Ludwika I. Do dostojnej kolumnowej budowli prowadzą marmurowe schody. Wewnątrz są rzeźby ok. 130 „Niemców", m.in. takich, jak Erazm z Rotterdamu czy Mikołaj Kopernik (Adama Mickiewicza nie ma). W 2007 r. dodano matematyka Carla Friedricha Gaussa, a w ostatnim czasie pojawili Edith Stein i Heinrich Heine. À propos Kopernika – jakiś czas temu zorganizowano ankietę, w której Niemcy wybierali najsympatyczniejszą postać swojej historii. Toruński astronom zajął w rankingu całkiem wysoką pozycję.

www.walhalla-regensburg.de; IV-IX 9.00-17.45, X 9.00-16.45, XI-III 10.00-11.45 i 13.00-15.45.

90 **Bawaria**

Przełom Dunaju i klasztor Weltenburg

Ponad 20 km na południowy zachód od Ratyzbony, za Kelheim, wielka rzeka przeciska się między skałami, tworząc Donaudurchbruch (przełom Dunaju). Miejsce jest wyjątkowo piękne, z białymi ścianami opadającymi wprost do wody. W najwęższym miejscu rzeka ma zaledwie 80 m szerokości. Przypomina to nieco słynne Żelazne Wrota na granicy Serbii i Rumunii. Przełom najłatwiej można podziwiać z pokładu statku wycieczkowego odpływającego z Kelheim (w sezonie kilka rejsów dziennie do Weltenburga; ok. 8 € w obie strony). W tym uroklwym miejscu, nad cyplem otoczonym przez zakręcającą rzekę, dominuje najstarszy bawarski klasztor – Weltenburg. Założyli go na początku VII w. benedyktyni, choć po barokowej przebudowie z pierwotnych zabudowań nie zachowało się niemal nic. Zobaczyć warto Klosterkirche St. Georg (kościół św. Jerzego) stworzony przez słynny tandem braci Asamów. Dziełem jednego z nich jest iluzjonistyczny ołtarz główny, na którym przedstawiono św. Jerzego tradycyjnie zmagającego się ze smokiem. Sklepienie nawy wieńczy fresk *Triumf Kościoła*. Jeszcze jedną niezwykłą cechą kompleksu jest fakt, iż od połowy XI w. działa tu browar (www.klosterschenke-weltenburg.de) produkujący ciemne piwo (bez wątpienia najstarszy klasztorny browar na świecie).

Pasawa

Na wschodnich obrzeżach Bawarii leży Pasawa (Passau; 50 tys. mieszkańców), wspaniale usytuowana u zbiegu trzech rzek: Dunaju, Innu i Ilzy. Tutejsza starówka, z kilkoma wielkimi kościołami, zajmuje długi cypel między Dunajem a Innem, a najlepiej ją podziwiać z twierdzy na wysokiej skale na drugim brzegu Dunaju.

Klasztor Weltenburg

Wnętrze katedry św. Szczepana

Dom Centrum to przestronne ulice z jasnymi, kilkupiętrowymi kamienicami, które można obejść w godzinę. Najbardziej monumentalnym obiektem jest **Dom St. Stephan** (katedra św. Szczepana) wychodzący na duży Domplatz. Jest to wielka barokowa budowla z blaszanymi „cebulami" na frontowych wieżach i podobną na kopule nad prezbiterium. Jej obecny wygląd to efekt przebudowy po pożarze w 1662 r. Dokonali jej głównie włoscy artyści Carlo Lurago i Giovanni Carlone. Trójnawowe wnętrze to również rozbuchany barok z rewią stiukowych rzeźb i plafonowych malowideł. Warto przyjrzeć się organom, nie tylko ze względu na ich urok, ale też dlatego, że uchodzą za największe na świecie (prawie 18 tys. piszczałek). Z lewej nawy wychodzi się na przeciętny dziedziniec z dwiema kaplicami, z których jedna, Lamberg-Kapelle (1710), służy dziś społeczności prawosławnej. Prawa nawa prowadzi z kolei do **Domschatz- und Diözesan Museum** (skarbiec i muzeum katedralne). Tłem dla bogatych zbiorów sztuki sakralnej są wnętrza XVIII-wiecznego pałacu biskupiego z piękną rokokową klatką schodową.

- **Dom St. Stephan**; latem 6.30-19.00, zimą 6.30- 18.00, koncerty organowe V-X pn.-pt. 12.00-12.30; 4/2 €, oraz V-X czw. 19.30; 10/5 €.
- **Domschatz- und Diözesan Museum**; V-X pn.-sb. 10.00-16.00.

Altes Rathaus i okolice Krótki spacer ulicami Gr. Messergasse i Schrottgasse doprowadza od katedry do starego ratusza (XIV–XV w.) – pięknej gotyckiej budowli powstałej poprzez połączenie kilku domów. Na rogu wznosi się **wieża z zegarem i kurantem** złożonym z 23 dzwonów, wygrywających 88 melodii. W dolnej części zaznaczono poziom wody w czasie powodzi, które często nawiedzały miasto. Do niedawna najwyższy stan osiągnęła w sierpniu 1501 r., ale wynik ten „pobiła" powódź z 2013 r. W środku

Bawaria

Ciekawe, że...
Bawarski Las

Bayerischer Wald (Bawarski Las), na północ od Pasawy, to – w połączeniu z Szumawą po czeskiej stronie granicy – jeden z największych kompleksów leśnych w tej części Europy. Pokrywa pasmo górskie przekraczające w kilku miejscach 1000 m n.p.m. Obejmujący najcenniejsze partie obszaru park narodowy powstał w 1970 r., a w 1997 r. rozszerzono go do dzisiejszych 243 km². Najłatwiej zapoznać się z nim, odwiedzając multimedialne centrum informacyjne w Neuschönau, wokół którego założono park ze ścieżkami dydaktycznymi oraz minizoo.

Sieć szlaków jest bardzo dobrze rozwinięta. Najwyższym szczytem w parku narodowym i drugim w całym masywie jest Grosser Rachel (1453 m n.p.m.). Dobrym miejscem startu jest parking Gfällparkplatz, do którego od Spiegelau prowadzi boczna droga (Schwarzachstr.). Oznaczona symbolem cietrzewia okrężna trasa liczy 9,5 km długości i 500 m przewyższenia, a jej pokonanie powinno zabrać niespełna 4 godz. Z odsłoniętego skalistego szczytu rozciąga się dookolna panorama. Poniżej szlak mija uroczą drewnianą kaplicę (Rachelkapelle), a później schodzi nad polodowcowe jeziorko – Rachelsee.

Piękną górą jest też Lusen (1373 m n.p.m.), u której stóp położone są Mauth i Finsterau. Jej nagi szczyt stanowi atrakcyjny punkt widokowy (w pogodne dni widać Alpy). Najbardziej popularne wejście wiedzie z osady Waldhäuser. Z wierzchołka można przejść się do pobliskiej granicy, przy której zachowały się kamienie graniczne z 1692 i 1772 r.

Lusen

Ciekawa trasa wiedzie przez okolice szosy z Mauth do Neuschönau. Startuje się z parkingu przy *Jugendwaldheim Wessely-Haus*. Prowadzi stąd ścieżka na tzw. Felswandergebiet, gdzie następnie meandruje między skałami z kilkoma punktami widokowymi.

i **Multimedialne Centrum Informacyjne w Neuschönau**; ☎0855296000, www.nationalpark-bayerischer-wald.de; codz. 9.00–17.00; bezpł.

Panorama Pasawy

najciekawsza jest **Grosses Rathaus Saal** (Wielka Sala Ratuszowa) z XIX--wiecznymi freskami Ferdynanda Wagnera idealistycznie przedstawiającymi sceny z dziejów miasta.
Po drugiej stronie ulicy działa hotel *Wilder Mann*, w którym mieści się też **Passauer Glasmuseum** (Pasawskie Muzeum Szkła). W 35 pomieszczeniach zebrano ok. 30 tys. przedmiotów obrazujących dzieje produkcji szkła w regionie (również w Czechach i Austrii) w przeciągu ostatnich 250 lat. Dalej na wschód, za mostem na Dunaju, w ładnej kamienicy działa **Museum Moderner Kunst** (Muzeum Sztuki Nowoczesnej) z wystawami czasowymi sztuki XX i XXI w.

- **Kurant**; codz. 10.30, 14.00 i 19.25, nd. też 15.30.
- **Grosses Rathaus Saal**; IV-poł. I, i 10.00-16.00; 1,50 €/1 €.
- **Passauer Glasmuseum**; www.glasmuseum.de; codz. 9.00-18.00; 7/5 €.
- **Museum Moderner Kunst**, Bräugasse 17, www.mmk passau.de; wt.-nd. 10.00- 18.00; 5/3 €.

Veste Oberhaus Pod tą nazwą kryje się dawny zamek książąt--biskupów wieńczący szczyt skały na północnym brzegu Dunaju. Powstał w 1219 r. w celu kontrolowania ruchu tranzytowego na rzekach. W czasie wojen napoleońskich przejęli go na swoją siedzibę Francuzi. Obecnie w obiekcie działa schronisko młodzieżowe oraz **Oberhausmuseum** dokumentujące historię miasta. Dla wielu bardziej atrakcyjne są widoki z wieży zamkowej na starówkę Pasawy. Jeśli ktoś chce zrobić zdjęcie, powinien tu przybyć rano.

- **Oberhausmuseum**; www.oberhausmuseum.de; poł. III-poł. XI pn.-pt. 9.00-17.00, sb. i nd. 10.00-18.00; 5/4 €.

Rzymskie pozostałości Aby dostać się do **Römermuseum Kastell Boiotro** (Muzeum Rzymskie Kastell Boiotro, trzeba z południowej części starówki przejść przez most na rzece Inn (Innbrücke) i skręcić w prawo. Pozostałości rzymskiego fortu

94 Bawaria

odnaleziono podczas prac budowlanych w 1974 r. Osiem lat później otwarto wystawę z przedmiotami datowanymi na okres 250–400 r. n.e. Mniej więcej pół wieku po opuszczeniu fortu (ok. 460 r.) św. Seweryn wzniósł tu swoją pustelniczą celę.

Römermuseum Kastell Boiotro; www.stadtarchaeologie.de; wt.-nd. 10.00-16.00; 4 €/2 €.

Frankonia

Północną część Bawarii zajmuje Frankonia, której nazwa jest spuścizną po państwie Franków, w X w. sięgającym kilkaset kilometrów dalej na zachód. W następnych stuleciach zostało ono rozbite na niewielkie księstwa skupione wokół pojedynczych miast, np. Norymbergi. Na ten podział nałożyły się również różnice religijne, dodatkowo destabilizujące sytuację w regionie. Dopiero w czasie wojen napoleońskich obszar został na siłę przyłączony do Bawarii. Mieszkańcy Frankonii do dziś są dumni ze swej odrębności i nie lubią porównań do rubasznych Bawarczyków z południa. Również atrakcje turystyczne są tu inne niż w Alpach czy Górnej Bawarii. Region jest mniej „folklorystyczny", a – choć łagodna przyroda zachęca do wypoczynku – prawie wszyscy przyjeżdżają tu dla wspaniałych zabytków miast.

Norymberga

Głównym miastem Frankonii jest Norymberga (Nürnberg; 518 tys. mieszkańców), prawie 150 km na północ od Monachium. W połowie XI w. istniał tu zamek, a miejsce to

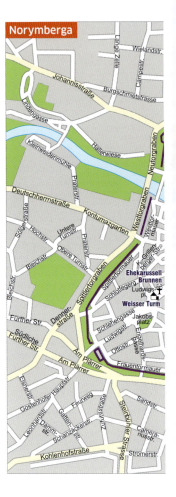

zwane było Nuorenberc (góra skalista). Osada, od 1219 r. będąca wolnym miastem Rzeszy i nieoficjalną stolicą Świętego Cesarstwa Rzymskiego, rozwijała się błyskawicznie. Pomogła jej w tym korzystna lokalizacja przy szlaku handlowym z Rzymu do północnej Europy. W XV w. miasto było tak bogate, że przyszły

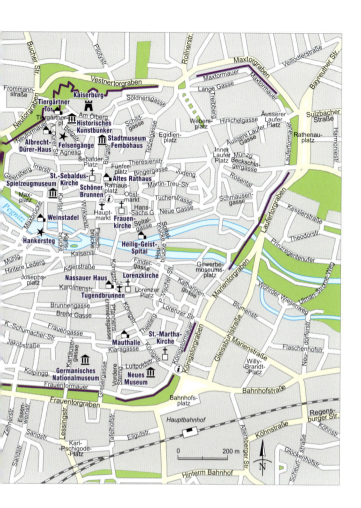

papież Pius II mógł zanotować: „Królowie Szkocji nie mieszkają tak godnie jak zwykły obywatel Norymbergi". Peany na cześć miasta wznosił też Marcin Luter, przyciągało ono ponadto tak znanych artystów, jak np. Albrechta Dürera.

Chlubna historia miasta poszła w zapomnienie, kiedy powstała III Rzesza. Przy poparciu miejscowej ludności naziści zbudowali zespół monumentalnych budowli, gdzie Hitler wygłaszał przemówienia. Tu też miały miejsce pierwsze parady nazistów i pierwsze prześladowania Żydów. W 1935 r. uchwalono ustawę odbierającą ludności żydowskiej wszelkie prawa obywa-

Bawaria

Ciekawe, że...
Nazistowska Norymberga

Wszyscy pamiętają propagandowe filmy nazistowskie, na których Hitler wygłasza zapamiętale przemówienia, a rozfanatyzowany tłum co chwilę mu przerywa okrzykami *Sieg Heil!*. Te obrazki pochodzą właśnie z Norymbergi. Parady i pokazy siły partii faszystowskiej organizowano tu już od 1927 r., czyli na kilka lat przed przejęciem władzy i rozlaniem fali nienawiści i destrukcji (oraz – w efekcie – autodestrukcji) na całe Niemcy. Kilka lat później Führer nakazał wznieść Reichsparteitagsgelände, czyli specjalny teren faszystowskich parad. W tym celu przebudowano tereny bawarskiej wystawy z 1906 r. Składały się nań megalomańskie gmachy wzorowane na stylistyce antycznej (próbowano m.in. skopiować rzymskie Koloseum). Oddziały SA i SS maszerowały zwartym szykiem po Luitpoldarenie, zachowanej do dziś. Większość budowli została zniszczona podczas alianckich nalotów w 1945 r. Przetrwał m.in. Kongressbau (to właśnie ta uwspółcześniona wersja Koloseum), obecnie siedziba Dokumentationszentrum (Centrum Dokumentacyjne). Zaprezentowana tu wystawa *Fascynacja i terror* przybliża krótką i burzliwą historię faszyzmu w Niemczech. Niedaleko rozciągają się plac Marszowy (Märzfeld) oraz stadion, na którym dawniej zbierało się Hitlerjugend, a obecnie rozgrywa mecze zespół piłkarski FC Nürnberg. Tereny nazistowskich parad zajmują południowo-wschodnie przedmieścia. Można tu dotrzeć tramwajami #4 lub 9 (z dworca kolejowego).

Kongressbau

i Centrum Dokumentacyjne; Bayernstr. 110, ☎09112315666; pn.-pt. 9.00-18.00, sb. i nd. 10.00-18.00, ostatnie wejście 17.00; 5 €/3 €.

Hauptmarkt z widokiem na Frauenkirche

telskie. W czasie wojny większość Żydów wymordowano. Norymberga drogo zapłaciła za poparcie udzielone nazistom. 2 stycznia 1945 r. aliancki nalot wymazał z mapy starówkę, jedną z najlepiej zachowanych w Niemczech. Po wojnie celowo wybrano miasto na miejsce procesu zbrodniarzy wojennych, a 10 największych skazano na śmierć przez powieszenie.

Hauptmarkt W centrum miasta jest dużo rozległych placów, a najważniejszy z nich to Hauptmarkt (Rynek Główny), do dziś pełniący tradycyjną, handlową funkcję. Do XIV w. istniała tu dzielnica żydowska zniszczona w ramach pogromu, podczas którego spalono 562 osoby (jak widać, Norymberga ma w tym procederze długie tradycje). Najbardziej nietypową konstrukcją na placu jest Schöner Brunnen (Piękna Fontanna) – kamienny, zwężający się ku górze słup, jaskrawo pomalowany i ozdobiony 40 rzeźbami elektorów, ewangelistów oraz bohaterów chrześcijańskich i żydowskich. Jego oryginalny pierwowzór (1385–1396), mocno już podniszczony, znajduje się w Muzeum Narodowym.
Po wschodniej stronie placu wznosi się Frauenkirche (kościół NMP) z gotycką fasadą zwieńczoną filigranowym trójkątnym szczytem i wieżyczką. Zbudowany został w drugiej połowie XIV w. na polecenie Karola IV. Projektantem był prawdopodobnie Piotr Parler, ten sam, według pomysłu którego powstała katedra św. Wita w Pradze. Początkowo zamierzano tu przechowywać insygnia Rzeszy, jednak ostatecznie władca przeniósł je w bezpieczniejsze miejsce, do słynnego zamku Karlštejn pod Pragą. Na środku frontowej ściany widoczny jest wykusz z zegarem i Männleinlaufens (1509), czyli pochodem figur elektorów, które ruszają codziennie w południe, by oddać hołd fundatorowi. Mechanizm upamiętnia wydanie przez

Frauenkirche

Karola tzw. Złotej Bulli (1356). W halowym wnętrzu najcenniejszy jest Tucher Altar (1445), czyli tryptyk *Ukrzyżowanie*, autorstwa nieznanego malarza.

Rathausplatz i okolice Kilka kroków na północ od głównego rynku rozpościera się Rathausplatz (plac Ratuszowy). Jak łatwo się domyślić, stoi przy nim **Altes Rathaus** (Stary Ratusz). Jest to rozległa budowla z południową częścią gotycką (XIV–XV w.) i zachodnią renesansową (1616–1622). W podziemiach można zobaczyć przerażające **Lochgefängnisse** (sala tortur) – cele więzienne i pomieszczenie, w którym torturowano ofiary. Zwiedzanie z przewodnikiem co 30 min.
Na zachód od ratusza wznosi się zwalisty **St.-Sebaldus-Kirche** (kościół św. Sebalda) – najstarsza świątynia w mieście, której romańska część powstała w latach 1230–1273. W XIV i XV w. dokonano gotyckiej przebudowy, powstały wówczas m.in. nawy boczne i wieże. W trójnawowym kamiennym wnętrzu warto przyjrzeć się stojącemu pośrodku prezbiterium grobowcowi św. Sebalda. Pochodzi z XVI w. Jego wnętrze zajmuje srebrna trumna z 1397 r. Twórcami grobowca są Peter Vischer starszy i jego dwaj synowie. Artyzmem dorównuje mu grupa rzeźbiarska *Ukrzyżowanie* (1520) w ołtarzu głównym oraz figura św. Andrzeja (1505) – obydwa dzieła wykonał słynny norymberski rzeźbiarz, Wit Stwosz.

i **Lochgefängnisse**; ☎09112312690; III–XII codz. 10.00–16.30; 3,50/1,50 €.

- **St. Sebaldus Kirche**; www.sebalduskirche.de; czynny w sezonie do 18.00, poza sezonem do 16.00.

Między Rathausplatz a Kaiserburg
Na północ od Rathausplatz teren wyraźnie zaczyna się wznosić w stronę wzgórza zamkowego. W tej części miasta jest kilka obiektów godnych uwagi. Niedaleko na północ od placu stoi XVI-wieczna kamienica, w której działa **Stadtmuseum Fembohaus** (muzeum miejskie). Ciekawostką jest tu Noricama, czyli multimedialny pokaz przybliżający dzieje miasta. Na uwagę zasługuje też zabytkowe wyposażenie budynku.
Dalej na północ można zobaczyć **Felsengänge** (podziemia) – ciąg połączonych piwnic pod starówką, w których przechowywano m.in. piwo. Istnieją od 1380 r., a w czasie ostatniej wojny przydały się jako schronienie przed nalotami.
Bergstrasse prowadzi dalej w górę, aż do Tiergärtnerplatz przy murach obronnych. Jest to bardzo urokliwe miejsce, z brukowaną nawierzchnią i szachulcowymi domami wokół. W pobliżu XVI-wiecznej wieży Tiergärtner Tor znajduje się **Albrecht-Dürer-Haus** (Dom Albrechta Dürera). Budynek pochodzi z 1420 r., a słynny malarz zajmował go w latach 1509–1528. Można tu zobaczyć film o artyście lub zostać oprowadzonym przez aktorkę przebraną za jego żonę, Agnes.
Na wschód od placu działa **Historisches Kunstbunker** (Bunkier Sztuki). W wydrążonym skale bunkrze przechowywano w czasie wojny norymberskie dzieła sztuki. Wiele z nich można podziwiać po dziś dzień.

- **Stadtmuseum Fembohaus**, Burgstr. 15, ☎09112312595, www.museen.nuernberg.de; wt.-pt. 10.00-17.00, sb. i nd. 10.00-18.00; 5/3 €.
- **Felsengänge**, wejście od Bergstr. 19, ☎09112449859; wycieczki codz. 11.00, 13.00, 15.00 i 17.00; 6/5 €.
- **Albrecht-Dürer-Haus**, ☎09112312568; wt.-śr. i pt. 10.00-17.00, czw. do 20.00, sb.-nd. do 18.00, VII-IX też pn. 10.00-17.00; 5/3 €.
- **Historisches Kunstbunker**, Obere Schmiedgasse 52; ☎0911227066; wycieczki z przewodnikiem codz. 14.30, start w sklepie browaru przy Bergstr. 19.

Albrecht-Dürer-Haus

100 Bawaria

Stare miasto i Kaiserburg

Kaiserburg Nad centrum Norymbergi wznoszą się rozległe zabudowania **cesarskiego zamku**. Zamyka on starówkę od północy, oferując rozległą panoramę z wieżami kościołów na głównym planie. Spora część kompleksu jest dostępna bez biletu. Można pospacerować, podziwiając zabudowania z charakterystycznymi biało-czerwonymi okiennicami i wyniosłą kamienną wieżę Sinwellturm (jest dostępna jako punkt widokowy). W pobliżu znajduje się głęboka na 48 m studnia – Tiefe Brunnen. Warto się też przyjrzeć bardziej przysadzistej Fünfeckturm (Pięciokątna Wieża) w północno-wschodniej części obiektu. Jest to najstarszy fragment zamku powstały w 1040 r. Główna, mieszkalna część znajduje się w zachodniej części kompleksu. Jest tu też dwukondygnacyjna Kaiserkapelle (kaplica cesarska) z pięknie rzeźbionymi romańskimi kolumnami i rzeźbą cesarzowej Kunegundy z 1487 r. W zamkowym muzeum można zapoznać się z dziejami powstawania obiektu oraz zobaczyć, jak w przeszłości rozwijała się sztuka militarna.

i Kaiserburg, Auf der Burg 13, ☎09112446590, www.schloesser.bayern.de; IV–IX 9.00– 18.00, X–V 10.00–16.00; 7/6 €, sama wieża i studnia 3,50/2,50 €.

Południowa część miasta Główną ulicą południowej części starówki jest Königstr. wiodąca z Hauptmarkt w stronę dworca kolejowego. Z szerokiego mostu na Pegnitz (Museumsbrücke) pięknie widać Heilig-Geist-Spital (szpital św. Ducha). Składa się on ze starszej części z 1331 r. i malowniczej, rozciągniętej nad rzeką dobudówki (1488–1527) z dwoma łukami-przęsłami, pod którymi płynie woda. Początkowo znajdował się tu duży przytułek, później w obiekcie ukryto insygnia cesarskie, a dziś jest to m.in. restauracja.

Kawałek dalej na południe w niebo strzelają dwie efektowne wieże gotyckiego Lorenzkirche (kościół św. Wawrzyńca) zwieńczone blaszanymi szpikulcami. Między nie wciśnięto frontową fasadę ze szczytem podobnym do tego we Frauenkirche i misterną rozetą poniżej. Świątynia to trójnawowa bazylika powstała w XIII–XIV w. Halowe prezbiterium jest o sto lat młodsze. Dostojne wnętrze wypełniają skarby sztuki sakralnej. Wspaniałe są witraże (m. in. w rozecie) oraz grupa *Zwiastowanie* (1519) nad głównym ołtarzem

autorstwa Wita Stwosza. Przy kolumnie na lewo od ołtarza wznosi się 20-metrowe sakrarium (1495), tak wysokie, że szczyt został wygięty, żeby mógł się zmieścić. Wykonał je Adam Kraft (wyrzeźbił też swoją podobiznę klęczącą na dole). W ambicie warto przyjrzeć się kolekcji pięknych ołtarzy skrzydłowych. Z północnej strony kościoła znaleźć można Tugendbrunnen (fontanna Cnót; 1589) z żeńskimi alegoriami Siedmiu Cnót. Naprzeciwko, na rogu wznosi się wkomponowany w zabudowę Nassauer Haus (XIV–XV w.) – najstarszy w mieście dom mieszczański w kształcie wieży obronnej.

Königstrasse wiedzie dalej na południe, mijając jeszcze kilka ciekawych budowli. Jedna z nich to Mauthalle (1498–1502) – dawny spichlerz i skład celny, a obecnie siedziba sklepów. Kawałek dalej stoi gotycki St.-Martha-Kirche (kościół św. Marty), w którym niegdyś kształcono śpiewaków. W pobliżu odbija na zachód Luitpoldstr., przy której w 2000 r. utworzono **Neues Museum**, pierwsze w mieście muzeum sztuki współczesnej z pracami artystów z różnych stron świata. Spacerując po południowo-zachodniej części starówki warto odwiedzić Ludwigsplatz, na którym wznosi się zgrabna Weisser Turm (Biała Wieża). W pobliżu jest niezwykła Ehekarussell Brunnen (1984) – fontanna Jürgena Webera, przedstawiająca różne fazy związku małżeńskiego.

i **Neues Museum**, Luitpoldstr. 5, www.nmn.de; wt.–nd. 10.00–18.00, czw. do 20.00; 4/3 €.

Germanisches Nationalmuseum
Perłą południowej części norymberskiej starówki jest **Niemieckie Muzeum Narodowe**. W niezwykle szeroki sposób przedstawiono

102 **Bawaria**

Źle dobrana para, Łukasz Cranach starszy, 1530

tu kulturę i sztukę Niemiec oraz innych krajów niemieckojęzycznych. Siedzibę muzeum stanowią pozostałości klasztoru Kartuzów, do których po wojnie dobudowano nowsze galerie. Dumą placówki są dzieła miejscowych artystów najwyższej rangi, jak płótna Albrechta Dürera (m.in. portret jego nauczyciela Michaela Wohlgemuta) czy Wita Stwosza (m.in. *Ukrzyżowanie*). Na parterze skrywają się najstarsze skarby, m.in. ewangeliarz z Echternach (Luksemburg) z X w. czy wysadzana drogimi kamieniami klamra w kształcie orła (V w.). Część muzeum stanowi dawny kościół klasztorny, Karthauskirche, z zachowanymi reliefami Adama Krafta. Prócz Dürera, na uwagę zasługują płótna innych malarzy, np. Baldunga (*Odpoczynek w czasie ucieczki do Egiptu*), Lucasa Cranacha starszego (*Christian II, król Danii*) czy Lucasa Cranacha młodszego. Spośród wyrobów złotniczych wyróżnia się piękny trójmasztowy żaglowiec podtrzymywany przez syrenę (1503). W muzeum jest też najstarszy na świecie globus. Powstał w 1491 r., czyli rok przed odkryciem Ameryki.

ℹ Kartäusergasse 1, ☎091113310, www.gnm.de; wt.–nd. 10.00–18.00, śr. do 21.00; 8/5 €.

Bayreuth

Niespełna 80 km na północny wschód od Norymbergi i jeszcze bliżej czeskiej granicy leży Bayreuth (71,6 tys. mieszkańców) – spokojne miasto rozsławione corocznym Festiwalem Wagnerowskim. Znany kompozytor (w późniejszych czasach ulubieniec Hitlera) pojawił się tu, kiedy władze miejskie obiecały dopomóc mu w budowie sceny operowej godnej jego ariom. Wcześniej Bayreuth pozostawał niewiele znaczącym ośrodkiem, aż do XVIII w., kiedy zamieszkała tu Wilhelmina, siostra pruskiego króla Fryderyka Wielkiego. Arystokratka, znudzona prowincją, zapraszała artystów z całej Europy. Wkrótce miasto stało się ważnym ośrodkiem kulturalnym. Sam budynek opery od 2012 r. znajduje się na Liście Światowego Dziedzictwa Kulturalnego i Przyrodniczego UNESCO. W 2016 r. Bayreuth gości Krajową Wystawę Ogrodniczą – w tym celu w mieście wytyczono nowy park (niedaleko autostrady A9).

Altes Schloss i okolice Główną ulicą Bayreuth jest przelotowy deptak Maximilianstr./Richard-Wagner-Str. w centrum przechodzący w Markt. Wychodzi nań biało-żółto-morelowy Altes Schloss (Stary Zamek), ładna trójskrzydłowa budowla z otwartym dziedzińcem. W obecnej postaci został wzniesiony po tym, jak jego poprzednik spłonął w 1753 r. Od wschodniej strony do zamku przylega Schlosskirche (kościół zamkowy) z ładną ośmioboczną wieżą i wnętrzem pozbawionym klimatu. Spoczywa tu Wilhelmina z rodziną. Znacznie ładniejszy jest Stadtkirche (kościół miejski), do którego doprowadza krótka Kanzleistr. Jest to duża gotycka budowla z ciosów kamiennych z parą wież połączonych na górze przejściem dla straży.

Po wschodniej stronie Schlosskirche, przy Opernstr. wznosi się **Markgräfliches Opernhaus** (Opera Dworska). Obiekt wzniesiono w XVIII w., a wspaniałe wnętrze zaprojektowali bolońscy artyści Giuseppe i Carlo Galli da Bibiena (ojciec i syn). Ze sceną 27-metrowej głębokości do 1871 r. był to największy budynek operowy w Niemczech, a do dziś uchodzi za jeden z najpiękniejszych. Nie zmienia to faktu, iż Wagner uznał gmach za zbyt skromny do odgrywania jego pompatycznych utworów więc wzniesiono kolejny, większy.

i Markgräfliches Opernhaus, Opernstr. 14, ☎09217596922; wycieczki IV-IX 9.00-18.00, X-III 10.00-16.00; 2,50/2 €, tańsze bilety z powodu remontu i ograniczonego zwiedzania.

Neues Schloss i okolice Opernstr. z południowej strony przechodzi w Ludwigstr. Stoi przy niej barokowo-rokokowy **Neues Schloss** (Nowy Zamek). Powstał w 1753 r. po zaledwie dwóch latach prac pod kierownictwem francuskiego architekta Josepha Saint-Pierre'a. Zleceniodawcą była sama Wilhelmina. Jej pokoje znajdują się na piętrze północnego skrzydła. Inne ciekawe pomieszczenia to Sala Cedrowa, w której co roku ma miejsce oficjal-

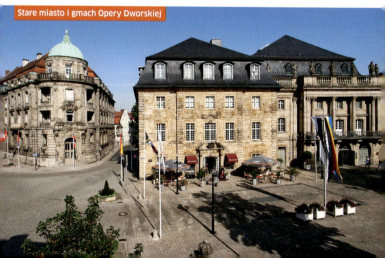

Stare miasto i gmach Opery Dworskiej

104 Bawaria

ne rozpoczęcie Festiwalu Wagnerowskiego, Spiegelscherbenkabinett (Sala Rozbitych Luster) czy Palmenzimmer (Pokój Palmowy).
Na tyłach rozciąga się Hofgarten (ogród zamkowy; bezpł.), przy zamku wystrzyżony, dalej przechodzący w bardziej naturalny, krajobrazowy.
Północne i wschodnie obrzeża parku zajmuje kilka muzeów, m.in. **Richard-Wagner-Museum** (Muzeum Ryszarda Wagnera). Mieści się ono w zasponsorowanym przez Ludwika II Haus Wahnfried, w którym mieszkał kompozytor. Obok domu jest jego grobowiec; spoczywają tu również żona i pies Wagnera. Co ciekawe, ojcem żony Wagnera był inny słynny kompozytor, Franciszek Liszt. Kawałek dalej na wschód znajduje się poświęcone mu **Franz-Liszt-Museum** (Muzeum Franciszka Liszta).

- **Neues Schloss**; ☎0921759690; IV-IX codz. 9.00-18.00, X-III codz. 10.00-16.00; 5,50/4,50 €.
- **Richard-Wagner-Museum**, Richard WagnerStr. 48, ☎0921757280; IX-VI wt.-nd. 10.00-18.00, VII i VIII codz. 10.00-18.00; 8 €, młodzież do 18 lat bezpł.
- **Franz-Liszt-Museum**, Wahnfriedstr. 9, ☎09215166488; VII-VIII codz. 10.00-17.00, IX-VI wt.-nd. 10.00-12.00 i 14.00-17.00; 2/1 €.

Festspielhaus Około 20 min spacerem na północ dzieli centrum (tak jak do dworca kolejowego i dalej) od słynnego **gmachu opery**. Zbudowany został w 1872 r. za pieniądze Ludwika II, na specjalne życzenie Wagnera. Projektantem został Gottfried Semper, twórca opery w Dreźnie. Budowla ma wspaniałą akustykę. W 1876 r. wystawiono tu znane dzieło Wagnera *Pierścień Nibelunga*. Od tego czasu Festspielhaus regularnie staje się główną areną festiwalu. W czasach III Rzeszy imprezie patronował sam Führer, który wzruszał się przy podniosłych i monumentalnych utworach kompozytora.

- Festspielhügel 1-2, ☎092178780; zwiedzanie z przewodnikiem V, IX-X tylko jeśli nie ma koncertów, codz. 10.00, 11.00, 14.00 i 15.00, XI-IV codz. 14.00; 7/5 €; zwiedzanie może być utrudnione z powodu planowanego długotrwałego remontu.

Eremitage Ponad 5 km na wschód od miasta znajduje się pustelnia, która jednak nie ma wiele wspólnego z mnisim odosobnieniem. Faktycznie początkowo żyli tu zakonnicy, jednak w 1735 r. kolejny kaprys Wilhelminy zmienił to miejsce w letnią rezydencję z rokokowymi komnatami. Co ciekawe, pozostały tu też mnisie cele, tworzące

Festspielhaus

Eremitage

z pozostałymi wnętrzami porażający kontrast. Tu również wzniesiono **Altes Schloss** oraz **Neues Schloss**. Oba stoją w uroczym parku z rzeźbami i fontannami, m.in. w sztucznych grotach.

i **Altes Schloss**; ☎09217596937; IV-IX 9.00-18.00, 1-15 X 10.00-16.00, po sezonie zamkn.; 4,50/3,50 €.

Bamberg

Bamberg (ok. 71 tys. mieszkańców) to jedno z bardziej uroczych miast Bawarii i całych Niemiec. Starówka, która jakimś cudem przetrwała wojenne zawieruchy (również ostatnią, dzięki peryferyjnemu położeniu), to wspaniały przykład, jak mogłyby wyglądać inne niemieckie miasta, gdyby nie kaprys Hitlera. Dzieli się na dwie części: górną, którą można nazwać kościelno--klasztorną, oraz dolną, nad rzeką Regnitz, gdzie koncentruje się miejskie życie. Czasy świetności Bambergu przypadły na panowanie cesarza Henryka II, który zapragnął, by miasto stało się tak piękne, jak Rzym. Jego wysiłki (i późniejszych budowniczych) doceniło UNESCO, wpisując starówkę na Listę Światowego Dziedzictwa Kulturalnego i Przyrodniczego.

Okolice Bambergu mają ciekawe związki z Wielkopolską. Na początku XVIII w. tutejsi osadnicy, na zaproszenie władz Poznania, zasiedlili wielkopolskie wioski zniszczone w czasie wojny. Dość szybko zasymilowali się z miejscową ludnością, choć zachowali część dawnych tradycji, m.in. stroje z niezwykłym żeńskim nakryciem głowy. Do dziś w Wielkopolsce używa się lekko pejoratywnego słowa „bamber" dla określenia bogatego chłopa.

Dolna część starówki Być może w Niemczech są ładniejsze ratusze, ale żaden nie jest usytuowany tak spektakularnie, jak ten w Bambergu. **Altes Rathaus** (Stary Ratusz) ulokowano na wysepce na środku rzeki Regnitz. Pierwotna konstrukcja powstała jeszcze w czasach gotyckich, a przebudowano ją w połowie XVIII w., w stylu rokokowym.

Bawaria

Stary Ratusz

Wtedy też powstały wielobarwne freski na fasadzie. Bryłę budynku uzupełnia szachulcowy **Rottmeisterhaus** (Dom Rotmistrza) zwieszający się nad rzeką z południowej strony. Można tu dojść po dwóch mostach – **Obere Brücke** i **Untere Brücke**. Oba to świetne miejsca widokowe. Drugi zdobi figura cesarzowej Kunegundy (1750; obecna to kopia z 1992 r.).

Najlepszy widok na ratusz zapewnia następny most od strony południowej. Wiedzie on do renesansowego **Schloss Geyerswörth** (zamek Geyerswörth), powstałego w latach 1585–1587 jako rezydencja biskupia. Jest to czteroskrzydłowa budowla z dziedzińcem porośniętym pnączami i wieżą.

Na północ od ratusza rozciąga się przeurocza dzielnica **Klein Venedig** (Mała Wenecja). Tworzą ją średniowieczne domki rybackie z małymi balkonami i ogródkami stojące bezpośrednio nad rzeką. Najlepiej widać je z promenady spacerowej Am Leinritt, na drugim brzegu.

Na północ od ratusza rozciąga się **Grüner Markt**, jeden z głównych placów starówki, na którym do dziś odbywają się targowiska. Góruje nad nim **Martinskirche** (kościół św. Marcina) – monumentalne barokowe dzieło wzniesione dla jezuitów przez duet braci Dientzenhoferów. Dalej położony jest Maxplatz z budynkiem **Neues Rathaus** (Nowy Ratusz) projektu Balthasara Neumanna.

Dom Bamberska **katedra** to jedna z najwspanialszych świątyń Bawarii. Jej prapoczątki sięgają XI w., kiedy Henryk II założył tu biskupstwo

(1007). Pierwszy kościół, konsekrowany w 1012 r., wkrótce spłonął, podobnie jak jego następca. Dopiero w 1237 r. udało się dokończyć budowlę, która stoi do dziś. Potężna dwuchórowa bazylika z czterema wyniosłymi wieżami prezentuje cechy zarówno romańskie, jak i gotyckie. Chór wschodni poświęcony został św. Jerzemu (patron cesarstwa), a zachodni – św. Piotrowi (reprezentant władzy papieskiej). W znanym z dobrej akustyki wnętrzu latem odbywają się koncerty organowe (V–X sb. 12.00; bezpł.). Nawę główną kryje sklepienie krzyżowo-żebrowe. Świątynia słynie z arcydzieł sztuki rzeźbiarskiej najwyższej światowej klasy. Najbardziej znany jest Bamberger Reiter (*Jeździec z Bambergu*) – tajemnicza figura króla na koniu przy kolumnie oddzielającej nawę główną od północnej. Pochodzi z pierwszej połowy XIII w. Nieznany jest jej twórca ani nie wiadomo, kogo rzeźba przedstawia. W czasach III Rzeszy naziści rozpropagowali posąg jako przykład „idealnego Niemca".
W pobliżu, przy wejściu do wschodniego chóru można znaleźć misternie rzeźbiony nagrobek Henryka II i Kunegundy. To arcydzieło wykonał Tilman Riemenschneider, co zajęło mu 14 lat. Koniec nawy południowej wieńczy Ołtarz Mariacki wykonany z lipowego drewna przez Wita Stwosza. Słynny artysta miał już wówczas niemal 80 lat, a dzieło stworzył na zamówienie swego syna, przeora jednego z norymberskich klasztorów. Nieopodal, w zachodnim chórze spoczywa papież Klemens II (zm. 1047 r.). Ciekawostką jest fakt, iż jest to jedyny grób papieski na północ od Alp.

Panorama starego miasta i katedry

108 **Bawaria**

Warto zejść do kaplicy zachodniego chóru. Wąskie przejścia nasuwają skojarzenia z lochami, a nastrój podkreśla czerwone podświetlenie. Na niebiesko jest za to podświetlona Ostkrypta pod wschodnim prezbiterium. Jest to duże pomieszczenie z trzema nawami oddzielonymi romańskimi kolumnami. Inna ciekawostka to dwie pobliskie rzeźby *Eklezji* i *Synagogi*. Mają one symbolizować świat chrześcijański i żydowski. O stronniczości rzeźbiarza może świadczyć fakt, że *Eklezja* jest znacznie bardziej atrakcyjna.

W osobnym budynku, z południowej strony katedry działa **Diözesanmuseum** (Muzeum Diecezjalne) z kolekcją przedmiotów sakralnych, począwszy od czasów Henryka II i Kunegundy. Jest tu m.in. strój liturgiczny cesarza i papieża Klemensa II oraz oryginalne rzeźby z Portalu Adama przy wschodnim prezbiterium.

i **Dom**; www.bamberger-dom.de; V-X pn.-sb. 9.00-18.00, nd. 13.00-18.00, XI-IV pn.-sb. 9.00-17.00, nd. 13.00-17.00.

i **Diözesanmuseum**, ☎09515022502, www.dioezesanmuseum-bamberg.de; wt.-nd. 10.00-17.00; 5/4 €.

Domplatz Wspaniały plac Katedralny jest na środku pusty, co tylko podkreśla dostojeństwo stojących wokół budowli. Najbardziej rzuca się w oczy **Neue Residenz** (Nowa Rezydencja) – wielki barokowy pałac naprzeciwko katedry. Ma dwa

Neue Residenz

skrzydła i zamyka plac od północy i wschodu. Jest dziełem Johanna Leonharda Dientzenhofera, powstałym w latach 1695–1704. Zwiedzanie z przewodnikiem obejmuje m.in. wielką Salę Cesarską z freskami przedstawiającymi drzewo genealogiczne Habsburgów. W pałacu jest też siedziba Staatsgalerie (Galeria Państwowa; ten sam bilet i godz.) z obrazami głównie niemieckich twórców, m.in. Baldunga i obu Cranachów. Na tyłach pałacu znajduje się Rosengarten (Ogród Różany) z ładnym widokiem na miasto. Bezpośrednio na północ od katedry jest renesansowy budynek Alte Hofhaltung, czyli dawny pałac książąt-biskupów, w którym działa

Historisches Museum (Muzeum Historyczne). Zgromadzono tu przedmioty związane z historią miasta i Górnej Frankonii, począwszy od pradziejów. Jednym z ciekawszych eksponatów jest figurka Madonny z Dzieciątkiem z Konstantynopola (X w.). Warto też obejrzeć makietę pielgrzymkowego kościoła w Vierzehnheiligen. W północno-zachodnim skrzydle zaprezentowano wystawę dotyczącą kultury mieszczańskiej w XIX-wiecznym Bambergu.
Przez portal z jeszcze jedną rzeźbą Henryka II i Kunegundy przechodzi się na duży wewnętrzny dziedziniec (XV w.) otoczony częściowo szachulcowymi budynkami z dwukondygnacyjną galerią (latem tonącą w pelargoniach). Ładnie widać stąd katedralne wieże (jest tu też bezpłatne WC).

- **Neue Residenz**, Domplatz 8; ☎0951 519390, www.schloesser.bayern.de; IV-IX codz. 9.00-18.00, X-III codz. 10.00-16.00; 4,50 €/3,50 €.
- **Historisches Museum**, Domplatz 7; ☎0951871142; V-X wt.- nd. 9.00-17.00, po sezonie tylko podczas wystaw; 5 €/4,50 €.

Na północ i południe od katedry
Cenne budowle sakralne można też znaleźć na innych wzgórzach zachodniego brzegu Regnitz. Szczyt tego z północnej strony zajmuje potężny kompleks **Abtei St. Michael** (opactwo św. Michała), wyraźnie widoczny od strony miasta, z dwiema kamiennymi wieżami po lewej stronie. Benedyktyński klasztor został tu założony w 1015 r. z inicjatywy Henryka II. Po pożarze

110 Bawaria

w 1610 r. odbudowano go w stylu nawiązującym do gotyku. Bardzo ciekawy jest kościół z XIII-wiecznym grobowcem św. Ottona (biskupa z XII w.), złoconą amboną prezentującą walkę patrona klasztoru z diabłem oraz niezwykłymi freskami na sklepieniu, obrazującymi 578 kwiatów i ziół leczniczych. W piwnicach klasztoru działa **Fränkisches Brauereimuseum** (Frankońskie Muzeum Browarnictwa) z kolekcją dawnych przyrządów do produkcji piwa.

Z klasztornego tarasu pięknie widać miasto (najlepsze światło późnym popołudniem).

Warto też przespacerować się na wzgórze Kaulberg na południe od katedry. Ulica Unterer Kaulberg doprowadza do Obere Pfarrkirche (górny kościół parafialny), jedynej świątyni w Bambergu prezentującej czysty styl gotycki. Powstała na przełomie XIV i XV w. Od strony ulicy widnieje portal z rzeźbami Panien Mądrych i Panien Głupich. W trójnawowym wnętrzu z barokowym wyposażeniem godny uwagi jest obraz Tintoretta *Wniebowzięcie NMP*.

Wyżej stoi XII-wieczny **Karmelitenkloster** (klasztor Karmelitów) z największymi w Niemczech romańskimi krużgankami i barokowym kościołem (1692–1701) Leonharda Dientzenhofera.

ℹ Fränkisches Brauereimuseum, Michaelsberg 10f, ☎095153016, www.brauereimuseum.de; IV-X śr.-pt. 13.00-17.00, sb.-nd. 11.00-17.00; 3,50/3 €, bilet rodzinny 7 €.

ℹ Karmelitenkloster; codz. 8.00-11.30 i 13.00-18.00.

Würzburg

Słynny niemiecki szlak turystyczny Romantische Straße (Droga Romantyczna) zaczyna się w Würzburgu (ok. 130 tys. mieszkańców) leżącym na północno-zachodnich peryferiach Bawarii, przy granicy z Badenią-Wirtembergią. Miasto

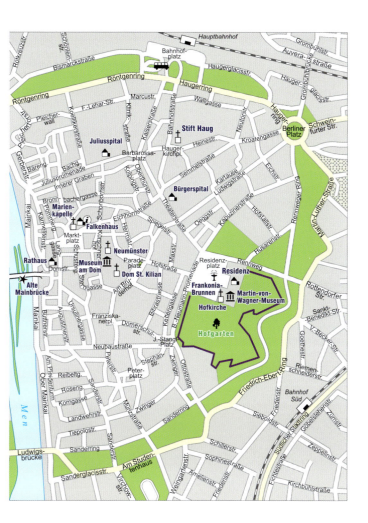

jest głównym ośrodkiem Dolnej Frankonii i znanym centrum produkcji wina. Szczyci się długą historią: w 2004 r. uroczyście obchodziło 1300-letnie urodziny. Przed wojną słynęło z pięknej starówki, ale wystarczył jeden nalot aliantów w nocy 16 marca 1945 r., aby obrócić ją w perzynę (zniknęło ponad 80% zabudowy). Co prawda, powojenna odbudowa przywróciła świetność głównym zabytkom, ale giną one w morzu nijakiej współczesnej zabudowy. Nie zmieniła się jednak atrakcyjna lokalizacja na pagórkowatych brzegach Menu.

112 Bawaria

Najlepsza panorama miasta rozciąga się z Alte Mainbrücke, mostu spinającego brzegi rzeki na wysokości ratusza. Głównym zabytek to wpisany na listę UNESCO Residenz, jedno z największych założeń pałacowych w Europie. Najbardziej znanym synem miasta jest Wilhelm Röntgen, odkrywca promieni X.

Marktplatz i okolice Główny rynek Würzburga to spora przestrzeń dostępna tylko dla pieszych. Z północnej strony stoi gotycki kościół z czerwoną, ażurową wieżą, skromnie nazwany **Marienkapelle** (kaplica NMP; 1377–1480). W południowej ścianie zobaczyć można kopie rzeźb (m.in. Adama i Ewy) autorstwa Riemenschneidera. Wnętrze nie tworzy szczególnego klimatu, choć są tu ładne płyty nagrobne frankońskich arystokratów oraz srebrny relikwiarz św. Akwilina. Święty przedstawiony został na nim z mieczem wbitym w szyję.

Obok kościoła stoi cukierkowy **Falkenhaus** (Sokoli Dom) – budynek w stylu rokoko z fasadą pokrytą stiukami (1751). Wewnątrz działa biuro informacyjne.
Idąc z placu na południe uliczką Schustergasse i skręcając w prawo, dojdzie się do **Rathaus** (ratusz), łatwo rozpoznawalnego po malowidle drzewa, które zdobi fasadę. Budynek ten, zwany Grafeneckart, prezentuje cechy trzech stylów, od romańskiego (wieża) po renesans. W 1316 r. został siedzibą władz miasta.
Za ratuszem zaczyna się Alte Mainbrücke – najstarszy most w mieście, wzniesiony w latach 1473–1543 na miejscu romańskiego poprzednika. Zdobią go barokowe figury świętych z ok. 1730 r. Świetnie stąd widać zarówno ratusz i katedrę z jednej strony, jak i twierdzę Marienberg z drugiej.

Rathaus; wycieczki V–X sb. 11.00, start na dziedzińcu; bezpł.

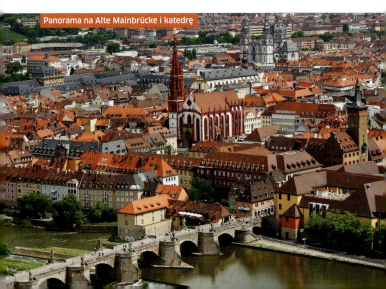
Panorama na Alte Mainbrücke i katedrę

Residenz

Dom i okolice Bezpośrednio na wschód od mostu wznoszą się dwie wysokie i smukłe wieże należące do Dom St. Kilian (katedra św. Kiliana). Świątynia powstała w XI–XII w. jako czwarta co do wielkości romańska katedra w Niemczech. W 1945 r. została zniszczona i w obecnym kształcie jest efektem powojennej odbudowy. W środku przy kolumnach umieszczono figury biskupów (dwie z nich to dzieło Riemenschneidera). Najładniej wygląda prezbiterium i transept z odtworzonymi stiukami (częściowo zachowane barokowe). Płyty nagrobne biskupów i innych notabli można znaleźć w krużgankach z prawej strony.

Kilka kroków na północ od katedry wznosi się Neumünster. Świątynię zbudowano w XI w. w stylu romańskim, choć dziś trudno to dostrzec, patrząc na potężną barokową fasadę z czerwonego piaskowca (1710–1716). Krypta zawiera grób św. Kiliana – irlandzkiego misjonarza zamordowanego w 689 r. na rozkaz miejscowej księżnej (grobowiec znajdował się tu jeszcze przed zbudowaniem kościoła). Od północy do świątyni przylega Lusamgärtchen – pełen zieleni placyk z pomnikiem średniowiecznego minstrela, Walthera von der Vogelweide. W sąsiedztwie obu kościołów działa **Museum am Dom**. Niedawno powstała placówka przedstawia zbiory sztuki współczesnej, głównie artystów tworzących nadal. Są tu też dzieła sprzed stuleci, podobnie jak w **Domschatz** (skarbiec katedralny), gdzie zgromadzono wiele elementów wyposażenia katedry sprzed wojny.

- **Museum am Dom**; www.museum-am-dom.de; IV-X wt.-nd. 10.00–18.00, XI-III do 17.00; 3,50 €/os., razem ze skarbcem katedralnym 4,50 €.
- **Domschatz**; ☎093138665600; wt.-sb. 10.00– 17.00, nd. 14.00–17.00; 3/2 €.

Residenz Największym w każdym znaczeniu zabytkiem Würzburga jest dawny **pałac biskupów**. Stoi na wschodnich obrzeżach centrum

114 **Bawaria**

otoczony rozległymi ogrodami. Jego rozmiary dają pojęcie o tym, jaką siłą i władzą dysponowali XVIII-wieczni biskupi. Jest to konstrukcja trójskrzydłowa otwierająca się w stronę miasta, przy czym boczne skrzydła mają dodatkowo po dwa wewnętrzne dziedzińce. Budowlę tego monstrualnego kompleksu zlecono znanemu architektowi Balthasarowi Neumannowi. Prace trwały w latach 1719–1744. Przed zachodnią elewacją wznosi się Frankonia-Brunnen (1896), fontanna zwieńczona personifikacją Frankonii. Po wejściu wzrok natychmiast przyciąga wspaniała Treppensaal (klatka schodowa) ze sklepieniem pokrytym freskiem Tiepola *Cztery Kontynenty* (1750–1753). Ponoć jest to największe na świecie malowidło naścienne. Można je podziwiać w oryginale, jako że ta część pałacu w czasie wojny pozostała nietknięta. Niedaleko stąd znajduje się Kaisersaal (Sala Cesarska) – najważniejsze pomieszczenie w pałacu należące do cesarza, który przyjmował tu gości. Ci ostatni musieli być lekko oszołomieni natłokiem misternych zdobień i fresków (częściowo również autorstwa Tiepola). Spośród mniejszych sal po obu stronach wyróżnia się Spiegelsaal (Sala Luster) z lustrami na ścianach i stiukami na sklepieniu. Bardziej nieformalny charakter ma Gartensaal (Sala Ogrodowa) na tyłach kompleksu z freskami i stiukami z lat 1749–1750.

W południowe skrzydło tak umiejętnie wbudowany został **Hofkirche** (kościół pałacowy), że nie zaburza harmonii budynku. Wnętrze to kolejna parada rokokowych dekoracji z malowidłami ołtarzowymi Tiepola i freskami Byssa. Zastosowane przez Neumanna owalne linie stwarzają wrażenie niezwykłej przestronności. W tej samej części budowli jest **Martin-von-Wagner-Museum** (Muzeum Martina Wagnera), gdzie wyeksponowano dzieła sztuki starożytnej i rokokowej.

Uroczym wytchnieniem może być spacer po Hofgarten (ogród pałacowy; od rana do co najmniej 20.00; bezpł.), gdzie ogrodowe elewacje pałacu stanowią tło dla przepięknej, zadbanej roślinności i rokokowych rzeźb.

- **Residenz**, Balthasar Neumann Promenade, ☎0931355170, www.residenz wuerzburg.de; IV-X codz. 9.00-18.00, XI-III codz. 10.00-16.30, ostatnie wejście 30 min przed zamkn., wycieczki w jęz. angielskim codz. 11.00, 13.30 i 15.00, IV-X także o 16.30; 7,50/6,50 €.
- **Hofkirche**; IV-X codz. 9.00-18.00, XI-III codz. 10.00-16.30; bezpł.
- **Martin-von-Wagner-Museum**; wt.-sb. 10.00-13.30 i 13.30- 17.00, nd. 10.00-13.30, różne wystawy czynne w różnych godz.; bezpł.

Północna część miasta Między pałacem a dworcem kolejowym nie ma wielu ciekawych obiektów, z wyjątkiem kościoła Stift Haug (Heinestr.) – zwalistej konstrukcji przykrytej imponującą kopułą. Jest to dzieło włoskiego architekta Antonio Petriniego, powstałe w drugiej poł. XVII w. jako pierwszy barokowy kościół we Frankonii. Bogate wyposażenie nie przetrwało II wojny światowej.

116 Bawaria

Kilka minut na zachód przy Juliuspromenade stoi rozległy kompleks Juliusspital. Założył go w 1576 r. biskup Julius Echter jako przytułek. W czasach baroku został przebudowany, tak że obecnie bardziej przypomina pałac. Przy Theaterstr., głównej ulicy od pałacu do dworca, stoi jeszcze jeden podobny obiekt, Bürgerspital, założony przez bogatych mieszczan w 1316 r. Źródłem jego utrzymania były własne winnice. Zachował się gotycki kościółek i barokowy dziedziniec z arkadami (1717).

Festung Marienberg Na zachodnim brzegu Menu, na szczycie porośniętego winnicami wzgórza, wznosi się **twierdza Marienberg**. Najpierw było tu grodzisko z ok. X w. p.n.e. Na początku VIII w. powstał kościół NMP, a w XII w. zbudowano pierwowzór dzisiejszej twierdzy. Od połowy XIII w. do 1719 r. obiekt stanowił siedzibę książąt-biskupów, a po 1600 r. przebudowano go w stylu renesansowym na zlecenie biskupa Juliusa Echtera. Za barokową przebudowę odpowiedzialni są Szwedzi. Wtedy też powstał Zeughaus (zbrojownia), mieszczący dziś **Mainfränkisches Museum** (Muzeum Frankonii Nadmeńskiej). Zgromadzono tu wspaniałą kolekcję sztuki frankońskiej, z wyróżniającymi się rzeźbami Tilmana Riemenschneidera.
We wschodnim skrzydle rezydencji działa **Fürstenbaumuseum**, czyli muzeum historyczne urządzone w dawnych pomieszczeniach mieszkalnych biskupów.
Inny wart uwagi obiekt to Marienkirche (kościół NMP), rotunda z VIII w., którą uważa się za najstarszy stojący do dziś kościół w kraju. Renesansowy Brunnenhaus pełni bardzo ważną funkcję: strzeże 104-metrowej studni zaopatrującej twierdzę w wodę.

Festung Marienberg

🄸 Festung Marienberg;
☎09313551750, www.schloesser.bayern.de; wycieczki z przewodnikiem po niemiecku poł. III-X wt.-pt. 11.00, 14.00, 15.00 i 16.00, sb. i nd. też 10.00, 11.00, 13.00, 14.00, 15.00 i 16.00, po angielsku sb.-nd. 15.00; 3,50/2,50 €, z Fürstenbaumuseum 6/5 €.

🄸 Mainfränkisches Museum;
www.mainfraenkisches-museum.de; IV-X wt.-nd. 10.00-17.00, XI-III wt.-nd. 10.00-16.00, ostatnie wejście 30 min przed zamkn.; 4 €/2 €.

🄸 Fürstenbaumuseum;
☎09313551750; poł. III-X wt.-nd. 9.00-18.00, ostatnie wejście 17.30; 4,50/3,50 €, razem ze zwiedzaniem twierdzy 6/5 €.

Rothenburg ob der Tauber

Starówka Rothenburg ob der Tauber

Najpopularniejszym szlakiem turystycznym w Niemczech jest Droga Romantyczna, a najbardziej znana miejscowość przy nim to Rothenburg ob der Tauber (11,3 tys. mieszkańców), 60 km na południe od Würzburga. Jest to archetyp średniowiecznego miasta z wysokimi murami obronnymi i zabudową niczym z filmów kostiumowych. Nic więc dziwnego, że latem trudno się tu przecisnąć, zwłaszcza kiedy odbywa się jeden z licznych festiwali. Czasy świetności Rothenburga przypadały na XIII-XV w., kiedy był Wolnym Miastem Rzeszy i bogacił się na handlu. W czasie wojny trzydziestoletniej miasto stanęło po stronie protestantów, co zaowocowało zdobyciem go przez katolickie wojska Tilly'ego i poważną groźbą zniszczenia. Na szczęście udało się tego uniknąć (zob. ramka). Los oszczędził miasto również w czasie II wojny światowej, kiedy jeden z pracowników amerykańskiej armii przekonał generałów, aby odstąpili od bombardowań.

Miasto Sercem Rothenburga jest pochyły Markt. Jego zachodnią ścianę tworzy potężny Rathaus (ratusz) z rozległą połacią dachową, arkadami i wieżą ze spiralną klatką schodową. Od strony Herrengasse wyraźnie widać, że budowla składa się z dwóch części. Gotycka, z wyższą wieżą bez fundamentu, pochodzi z lat 1250-1400. Część renesansowa, od strony placu, powstała w latach 1572-1578 (arkady w 1681 r.). Wewnątrz jest dziedziniec z odmierzonymi średniowiecznymi miarami: pręt

mierniczy, łokieć, stopa i sążeń. Największa atrakcja to możliwość wejścia na **Rathausturm** (wieża), skąd jak na dłoni widać miasto. Z północnej strony placu stoi Ratsherrntrinksstube (Tawerna Rajców), czyli budynek dawnej knajpy, do której wstęp mieli tylko radni. To właśnie tu w 1631 r. burmistrz miał uratować miasto, wypijając jednym tchem kufel wina.
Od 1683 r. na trójkątnym szczycie działa zegar, a od 1910 r. dwie figury w okienkach po obu stronach prezentują słynne wydarzenie z 1631 r. (co godz. między 11.00 a 15.00 i między 20.00 a 22.00). Na samym placu warto przyjrzeć się St. Georgsbrunnen (studnia św. Jerzego) z późnorenesansowymi zdobieniami (1608).

Naprzeciwko ratusza położony jest Käthe Wohlfahrts Weihnachtsdorf (Wioska Bożonarodzeniowa), czyli największy w Europie sklep z artykułami świątecznymi oraz niewielkim muzeum Bożego Narodzenia. Mniej więcej 100 m dalej na południe działa najbardziej znane muzeum w mieście, **Mittelalterliches Kriminalmuseum** (Średniowieczne Muzeum Kryminalne). W dawnej komturii joannitów na czterech piętrach zaprezentowano narzędzia tortur i inne wymyślne sposoby służące bezwzględnemu karaniu ludzi nawet za drobne przewinienia. Kilka kroków na północny zachód od rynku rozciąga się Kirchplatz, na którym stoi główna świątynia miasta, **St. Jakobs-Kirche** (kościół św. Jakuba). Duża świątynia z dwiema ładnymi wieżami została zbudowana w stylu gotyckim w latach 1311–1485. Od zewnątrz jest dość skromna, choć zdobi ją ponętna figura nagiej Ewy z wężem, jabłkiem i kosmykiem długich włosów przysłaniającym intymne miejsce. W środku zachwyca Heilig Blut Altar (ołtarz Świętej Krwi; pocz. XVI w.) autorstwa znanego rzeźbiarza, Tilmana Riemenschneidera. Podobno ołtarz skrywa kroplę krwi Chrystusa, przywiezioną przez krzyżowców.
Niedaleko na północny zachód od kościoła swoją siedzibę ma **Reichsstadtmuseum** (Muzeum Miejskie). Jego siedzibę stanowi dawny klasztor Dominikanek. Kolekcja nawiązuje do cesarskich tradycji Rothenburga. Najciekawsze są tablice *Pasji Rothenburskiej* (1494),

Ratsherrntrinksstube

Franziskanerkirche

dział poświęcony żydowskiej gminie oraz XIX-wieczna galeria obrazów. Z pomieszczeń klasztoru duże wrażenie wywiera zachowana XIV-wieczna kuchnia.
Szeroka ulica Herrngasse prowadzi z rynku na zachód, do **Franziskanerkirche** (kościół Franciszkanów). Jest to najstarsza świątynia w mieście (1285) prezentująca styl wczesnogotycki. Z ołtarzy wewnątrz wyróżnia się zwłaszcza ten poświęcony św. Franciszkowi (Riemenschneider).

- **Rathausturm**; wieża; IV-X 9.30-12.30 i 13.00-17.00, XI i I-III sb. i nd. 12.00-15.00, XII 10.30-14.00 i 14.30-18.00, pt. i sb. do 20.00; 2/0,50 €.
- **Muzeum Bożego Narodzenia**; Herrngasse 1, www.wohlfahrt.com.
- **Mittelalterliches Kriminalmuseum**, Burggasse 3-5, ☎098615359, www.kriminalmuseum.eu; I i II i XI 14.00-16.00, III i XII 13.00-16.00, IV 11.00-17.00, V-X 10.00- 18.00, ostatnie wejście 45 min przed zamkn.; 5/4/3,50 €, dzieci do 6 lat bezpł.
- **St. Jakobs-Kirche**; I-III i XI 10.00-12.00 i 14.00-16.00, IV-X 10.00-16.45; 2,50/1,50 €.
- **Reichsstadtmuseum**, Klosterhof; ☎09861939 043, www.reichsstadtmuseum.rothenburg.de; IV-X 9.30-17.30, XI-III 13.00-16.00; 4,50/3,50 €.

Mury obronne Najbardziej fotogenicznym fragmentem Rothenburga jest Plönlein – niewielki placyk, do którego z Markt doprowadza Schmiedgasse. Widać stąd klasyczną panoramę z dwiema uliczkami zwieńczonymi wysokimi bramami: **Siebersturm** (1385; z lewej) i **Kobolzeller Tor**. Między ulicami stoi wąski szachulcowy budynek z lekko pochylonym szczytem. Oczywiście na tym zaułku nie kończą się fortyfikacje Rothenburga. Miasto szczelnie otacza pierścień

XIV-wiecznych murów obronnych. Można przejść po nich dawną galerią wartowników, zadaszoną i otwartą na miasto (bezpł.). Trasa liczy 2,5 km długości, a najwyższym punktem widokowym jest stojąca po wschodniej stronie **Rödertor** z końca XIV stulecia. Jakieś 300 m na północ od niej stoi niewiele niższa wieża o niezbyt przyjemnej nazwie **Galgentor** (Brama Szubieniczna). Od obu bram w stronę Markt prowadzą dwie szerokie ulice, Galgengasse i Rödergasse. Przy pierwszej stoi **Weisser Turm** (Biała Wieża) z XII w., a przy drugiej – brama **Röderbogen** z szeroką **Markusturm** (Wieża Marka) z ok. 1200 r.

Jeszcze jednym malowniczym miejscem jest **Doppelbrücke** (Podwójny Most) nad rzeką Tauber, w dole, na południowy zachód od centrum (dojście z Plönlein przez Kobolzeller Tor i dalej w dół).

Rödertor; III-XI 10.00-17.00; 1,50/1 €.

Dinkelsbühl

Kolejną, równie chętnie odwiedzaną miejscowością przy Drodze Romantycznej jest Dinkelsbühl (ok. 11 tys. mieszkańców), ok. 40 km na południe od Rothenburga. Starówka może nie jest tu tak efektowna jak w Rothenburgu, ale zwarte kompleksy kolorowych domków wciśnięte między mury obronne z pewnością wywierają duże wrażenie. Czasy świetności miasta sięgają okresu karolińskiego, kiedy w VIII w. ustanowiono tu siedzibę królewską. Zarówno w XVII w., jak i podczas ostatniej wojny udało się uniknąć większych zniszczeń, dzięki czemu dzisiejsze centrum miasta niewiele różni się od tego sprzed kilkuset lat.

Już z zewnątrz starówka Dinkelsbühl oczarowuje. Szacuje się, że średniowieczne Stadtmauer (mury obronne) z wysokimi, owalnymi basztami, zachowały się w 99%. Wjazdu do miasta strzegą cztery bramy: XIII-wieczna Wörnitzer Tor od wschodu, barokowa Segringer Tor od zachodu, surowa Rothenburger Tor od północy i Nördlinger Tor (1372–1485) od południa. Przy tej ostatniej stoi Stadtmühle (młyn miejski) z falującym szczytem. Od niedawna działa w nim nietypowe **Museum 3 Dimension** (Muzeum Trzeciego Wymiaru)

Starówka w Dinkelsbühl

z fascynującą wystawą holograficzną (trójwymiarowa forma zapisu). Zabudowa starówki to brukowane ulice i domy o 3–4 kondygnacjach, w żywych kolorach, ozdobione pięknymi okiennicami. Środek miasta stanowi niewielki Marktplatz lub Weinmarkt, przy którym wznosi się późnogotycki **Münster St. Georg** (kościół św. Jerzego). Powstał w drugiej połowie XV w., a jedyną pozostałością po romańskim poprzedniku jest **wieża**. Piękne wnętrze ma kształt trójnawowej hali przykrytej sieciowym sklepieniem. Z wyposażenia wyróżnia się wieloboczna chrzcielnica przy wejściu, efektowna ambona oraz ołtarze. W głównym widnieje obraz *Ukrzyżowanie* Michaela Wolgemuta.

Piękny gotycki ołtarz z *Pietą* można też zobaczyć na tyłach prezbiterium.

Museum 3 Dimension, Am Nördlinger Tor, www.3d museum.de; IV–VI i IX–X codz. 11.00–17.00, VII i VIII codz. 10.00–18.00, XI–III sb. i nd. 11.00–17.00; 10 €/os., 8 €/młodzież i studenci, 6 €/dzieci do 12 lat.

Münster St. Georg, latem 9.00–19.00 i zimą 9.00–17.00.

Eichstätt

Na pograniczu historycznej Frankonii, Bawarii i Szwabii, między Norymbergą a Ingolstadt, leży miasteczko Eichstätt (13 tys. mieszkańców) z jedynym katolickim uniwersytetem w Niemczech. Kościelne tradycje są tu bardzo

122 **Bawaria**

Residenz w Eichstätt

długie. Początek osadzie dał klasztor założony w 741 r. Najbardziej dramatycznym wydarzeniem w dziejach miasta było zniszczenie go przez Szwedów w czasie wojny trzydziestoletniej. Barokowa odbudowa nastąpiła przy udziale włoskich architektów, przez co miasto ma dziś nieco południowy charakter. Dużym atutem Eichstätt jest też lokalizacja w pobliżu jurajskiej doliny rzeki Altmühl znanej z prehistorycznego osadnictwa i uroczych krajobrazów.

Miasto Centrum skupia się wokół dwóch placów – Residenzplatz i Domplatz. Między nimi, od strony drugiego, stoi Dom (katedra) – główny zabytek miasta. To właśnie tu w VIII w. powstał klasztor. Obecna świątynia pochodzi z XI w., choć duża część to wynik XVI-wiecznej przebudowy. Przed wejściem do środka nie sposób nie zwrócić uwagi na kolorowy, bogato rzeźbiony gotycki portal. Wnętrze ma formę trójnawowej świątyni halowej. Spośród elementów wyposażenia wyróżnia się wspaniale rzeźbiony ołtarz Pappenheim (1489–1497) w północnym transepcie, złocony ołtarz główny (ok. 1480, przebudowany 400 lat później), siedzący posąg św. Willibalda (L. Hering; 1514) – pierwszego biskupa Eichstätt, oraz witraż wykonany przez Hansa Holbeina starszego (ok. 1500 r.).

Przez drzwi z boku prezbiterium wchodzi się do Mortuarium (kostnica). Jest to gotyckie, dwunawowe pomieszczenie z płytami nagrobnymi na ścianach. Warto zwrócić uwagę na pierwszą kolumnę – poskręcaną i misternie rzeźbioną, zwaną Schöne Säule (Piękny Filar). Z drugiego końca sali wchodzi się do **Domschatz- und Diözesan--Museum** (Muzeum Diecezjalne i skarbiec katedralny) z kolekcją przedmiotów sakralnych dokumentujących długą historię klasztoru i diecezji. Są tu m.in. XV-wieczne arrasy oraz ornat św. Willibalda. Nazwa bardziej przestronnego z rynków, Residenzplatz, wywodzi się od **Residenz** (pałac biskupów), przylegającego do katedry. Jest to trójskrzydłowy barokowy pałac wzniesiony w latach 1700–1727, przy współudziale włoskiego architekta Gabriela de Gabrieli.
W środku najcenniejsze są dzieła innego Włocha, Mauritio Pedettiego. Stworzył on rokokową klatkę schodową oraz Spiegelsaal (Sala Luster; 1767–1768).
Po drugiej stronie Residenzplatz ciągnie się zwarty szereg barokowych kamienic należących dawniej do miejskich i kościelnych osobistości. Na środku stoi Mariensäule (kolumna maryjna; 1776–1777) częściowo wykonana przez Mauritio Pedettiego.
Niedaleko na północ od Domplatz rozpościera się niewielki trójkątny **Marktplatz**, na którym czasami odbywają się targowiska. Środek zajmuje Willibaldsbrunnen (fontanna św. Willibalda) wzniesiona przez Jakoba Engela w 1695 r.

Przy placu stoi czerwonawy Rathaus (ratusz) z wieżą. Powstał w 1444 r., a w latach 20. XIX w. przebudowano go w stylu biedermeier. Wysoko na północno-zachodnich obrzeżach centrum, 5 min spacerem od Marktplatz stoi **Kloster St. Walburg** (klasztor św. Walburgii), gdzie pochowano siostrę św. Willibalda, św. Walburgię. Jej grób znajduje się tu od IX w., a sam klasztor Benedyktynów ufundowano w 1035 r. Dodatkowym atutem tego miejsca są przepiękne widoki na miasto i okolicę.

- **Domschatz- und Diözesan-Museum**, Residenzplatz 7, ☎0842150266; śr.- pt. 10.30-17.00, sb. i nd. 10.00- 17.00; 3/1,50 €.
- **Residenz**; pn.-śr. 7.30-12.00 i 14.00-16.00, czw. do 17.30, pt. tylko przed południem; 1 €.

Widok na wieże katedralne

Panorama Nördlingen

Informationszentrum Naturpark Altmühltal Na amatorów wędrówek po **Naturpark Altmühltal** (Park Przyrody Altmühltal) czeka kompetentne Informationszentrum Naturpark Altmühltal (centrum informacyjne). Jego siedzibą jest klasztor Notre Dame de Sacre Coeur na wschodnich obrzeżach centrum. Można tu otrzymać szczegółowe broszury informacyjne dotyczące szlaków pieszych, tras wspinaczkowych czy pól namiotowych.

i **Informationszentrum Naturpark Altmühltal**, Notre Dame 1; ☎0842198760, www.naturpark-altmuehltal.de; Wielkanoc-X pn.-sb. 9.00-17.00, nd. 10.00-17.00, latem do 18.00, XI-Wielkanoc pn.-czw. 9.00-12.00 i 14.00-16.00, pt. 9.00-12.00.

Muzea prehistoryczne Po drugiej stronie rzeki w stosunku do starówki na wzgórzu stoi zamek Willibaldsburg, który w latach 1355–1725 pełnił funkcję biskupiej rezydencji. Dziś mieszczą się tu dwa muzea poświęcone czasom najdawniejszym. **Juramuseum** to kolekcja skamielin z prawdziwym rarytasem – Archeopteryksem, czyli najstarszym znanym ptakiem (z górnej jury). **Museum für Ur- und Frühgeschichte** (Muzeum Prehistorii i Wczesnej Historii) z przedpotopowymi naczyniami i przedmiotami codziennego użytku, a także szkieletem mamuta sprzed 6 tys. lat. Po odwiedzeniu muzeów warto zajrzeć do ogrodu Bastiongarten, skąd rozpościera się ładna panorama miasta.

i **Juramuseum**; ☎084212956, www.jura museum.de; wt.-nd. IV-IX 9.00-18.00, X-III 10.00-16.00; 4,50/3,50 €.

i **Museum für Ur- und Frühgeschichte**; ☎0842189450; te same godz. otwarcia i ceny.

Południowo--zachodnia Bawaria

Południowo-zachodnie peryferia landu obejmują obszar tzw. Szwabii Bawarskiej. Dalej na zachód przechodzi ona we „właściwą" Szwabię leżącą już w granicach Badenii--Wirtembergii. Są to spokojne tereny położone z dala od głównych ośrodków, z dominującymi w krajobrazie polami uprawnymi. Przebiega tędy południowy odcinek najważniejszego szlaku turystycznego w kraju, Drogi Romantycznej. Mija średniowieczne miasteczka osłonięte murami obronnymi i kończy się w Alpach Algawskich, gdzie stoją dwa słynne zamki.

Nördlingen

W panoramie Nördlingen (ok. 19,7 tys. mieszkańców), 70 km na północny zachód od Augsburga, dominują owale, choć niewidoczne z poziomu ziemi. Doskonale okrągły kształt ma starówka, z lotu ptaka wyglądająca niczym jezioro czerwonych dachów z samotną wyspą kościoła na środku. Jest też większy owal – pozostałość po katastrofie sprzed 15 mln lat, kiedy spadł tu wielki meteoryt. Ocenia się, że leciał z prędkością 100 tys. km/h, a zniszczenia, które wyrządził, były 250 tys. razy większe

126 **Bawaria**

od tych w Hiroszimie. Powstał wówczas wielki krater Ries (25 km średnicy), wytworzył się też nowy rodzaj skały, suewit, bardziej zbliżony do tworów księżycowych niż ziemskich.

Samo Nördlingen to przyjemna miejscowość chociaż nie tak atrakcyjna jak Dinkelsbühl, za to znacznie spokojniejsza. Przed zapuszczeniem się w głąb starówki warto przespacerować się po krytym chodniku wartowników przebiegającym po Stadtmauer (mury miejskie), najlepiej zachowanym w kraju. Tutejsze mury mają obwód 3 km, a dzięki 5 bramom i 11 przysadzistym basztom można wchodzić i schodzić w różnych miejscach (bezpł.).

Na starym mieście mało jest domów szachulcowych, za to wiele budynków zdobią kolorowe okiennice.

Głównym rynkiem jest Marktplatz, od południa zamknięty zwalistym **St. Georgskirche** (kościół św. Jerzego). Warto przyjrzeć się z bliska ścianom zbudowanym z chropowatego, dość miękkiego kamienia – to suewit, powstały po uderzeniu meteorytu. Świątynia w Nördlingen jest największym na świecie obiektem z tego budulca. Wewnątrz najcenniejszym elementem wyposażenia jest ołtarz główny z grupą *Ukrzyżowanie* (XV w.) autorstwa Holendra N.G. von Leydena. Zwraca też uwagę ambona z 1499 r.

Jednak największa atrakcja to możliwość wejścia na 90-metrową **Daniel turm** (Wieża Daniela). Widać stąd dokładnie, że miasto powstało na planie okręgu, którego środek wyznacza kościół. Co ciekawe, na wieży nadal mieszka strażnik. Przy rynku wznosi się też **Rathaus** (ratusz), ładna kremowa budowla z końca XIII w. Jego bryłę zdobi kamienny wykusz i zewnętrzna, kryta klatka schodowa. W przeszło-

Starówka

Tanzhaus

ści w pustej przestrzeni pod schodami przetrzymywano więźniów. Naprzeciwko ratusza stoi duży, efektowny **Tanzhaus** (Dom Tańca; 1442–1444). Jest to gotycka sala taneczna (służyła też celom handlowym) z nadwieszonym szachulcowym piętrem. W przeszłości organizowano tu różne uroczystości; dziś taką funkcję pełni **Klösterle** (Mały Klasztor) – biały gotycki budynek z żółtymi oknami, 5 min spacerem na północ od rynku.
Na wszystkich, którzy chcieliby dowiedzieć się czegoś więcej o meteorytach, czeka **Rieskrater-Museum**. Tutejsza ekspozycja szczegółowo opisuje powstanie krateru oraz skały suewit. Obejrzeć można też skały księżycowe i skamieniałości. Muzeum mieści się w XVI-wiecznej oborze (!), na północnych obrzeżach starówki.
Bardziej tradycyjną placówką jest **Stadtmuseum** (muzeum miejskie) zajmujące wnętrza dawnego przytułku z własnym kościołem.

Wystawiono tu m.in. narzędzia tortur oraz piękny cykl XV-wiecznych malowideł poświęconych św. Jerzemu. Namalował je lokalny artysta Friedrich Herlin. Dzieła do dziś zachwycają żywymi barwami. Jeśli komuś nie wystarczy spacer po murach, może też odwiedzić **Stadtmauermuseum** (Muzeum Murów Miejskich) ulokowane w masywnej wieży-bramie Löpsinger Tor, po wschodniej stronie murów.

- **St. Georgskirche**; pn.-pt. 9.30-12.30 i 14.00-17.00, sb. 9.30-17.00, nd. 11.00-17.00, zimą pn.-sb. 10.30-12.30, nd. po mszy św. do 12.30.
- **Daniel turm**; I-II i XI codz. 10.00-16.00, III-IV i X 10.00-17.00, V-VI i IX 9.00-18.00, VII i VIII 9.00-19.00, XII 9.00-17.00; 3/2 €.
- **Rieskrater-Museum**, Eugenie Shoemaker Platz 1, ☎0908184710, www.rieskratermuseum.noerdlingen.de; V-X wt.- nd. 10.00-16.30, XI-IV wt.-nd. 10.00-12.00 i 13.30-16.30; 4,50/2.50 €.

128 Bawaria

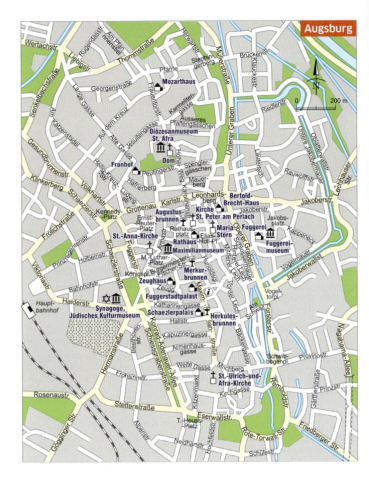

- **Stadtmuseum**, Vordere Gerbergasse 1, ☎0908184810, www.stadtmuseum-noerdlingen.de; poł. III–pocz. XI wt.–nd. 13.30–16.30; 4/2 €.
- **Stadtmauermuseum**; IV–X codz. 10.00–16.30; 2/1,40 €.

Augsburg

Stolica Szwabii Bawarskiej, Augsburg (ok. 276 tys. mieszkańców), to jedno z najbardziej wiekowych miast w Niemczech. Ośrodek założony został już w 15 r. p.n.e. przez dwóch pasierbów rzymskiego cesarza Augusta Cezara. Pomyślność w średniowieczu zapewniło Augsburgowi m.in. nadanie statusu Wolnego Miasta Rzeszy w 1276 r. (wcześniej spora część dochodów przypadała biskupom). Od XV stulecia prężnie rozwijał się tutejszy sektor bankowy, stanowiąc istotne źródło dochodu. Jak w wielu miejscach w tej części Europy, kres świetności miasta przyniosła wojna trzydziestoletnia. Na początku XIX w. Augsburg został wcielony do Bawarii i obecnie jest jej trzecim co do wielkości miastem. W czasie II wojny światowej alianci zbombardowali miasto, a mieli ku temu powód. W Augsburgu znajdowały się fabryki samolotów Messerschmitta. W centrum nie ma dziś zwartej średniowiecznej zabudowy, jak w innych miastach przy Drodze Romantycznej, ale odrestaurowana barokowa architektura również może urzekać.

Centrum miasta jest dość przestronne, ale do większości atrakcji można dojść pieszo.

Rathausplatz i okolice Głównym rynkiem Augsburga jest duży Rathausplatz. Przed świętami Bożego Narodzenia odbywa się tu jarmark, dla którego tłem jest piękny **Rathaus** (ratusz), po wschodniej stronie, o eleganckiej sylwetce, z dwiema cebulastymi wieżami po bokach. Wzniósł go Elias Holl w latach 1615–1620. Miejscowi twierdzą, że to najcenniejszy renesansowy ratusz na północ od Alp, ale sporo w tym przesady. Wewnątrz największe wrażenie sprawia **Goldene Saal** (Złota Sala) z pozłacanymi kolumnami, cedrowym sklepieniem i freskami.

Na lewo od ratusza stoi Kirche St. Peter am Perlach (kościół św. Piotra w Perlach) – romańska konstrukcja uważana za najstarszą ceglaną świątynię w południowej

Ratusz

130 **Bawaria**

Katedra NMP

części kraju. Główna atrakcja to **Perlachturm** (wieża), z której roztacza się panorama miasta. W pobliżu warto też przystanąć przy Augustusbrunnen (fontanna Augusta; 1588) wzniesioną w stylu manierystycznym przez Huberta Gerharda z Holandii.
Na tyłach ratusza teren mocno opada. Przecznicę dalej na wschód stoi klasztor Maria Stern – późnogotycka budowla powstała w drugiej połowie XVI w., a przebudowana została w okresie baroku. Jej autorem jest Johannes Holl, ojciec twórcy ratusza.
Z południowo-zachodniego krańca Rathausplatz wybiega krótka Philippine-Welser-Str., przy której znajduje się **Maximilianmuseum**. Jego siedzibę stanowi dom bogatego mieszczanina z 1546 r., a ekspozycja skupia się na historii architektury i sztuki w mieście. Na dziedzińcu z przeszklonym dachem wystawiono m.in. oryginalne rzeźby z miejskich fontann.

- **Goldene Saal**; 10.00-18.00; 2,50 €.
- **Perlachturm**; Wielkanoc-X 10.00-18.00; 2 €/1 €.
- **Maximilianmuseum**, Philippine--Welser-Str. 24; ☎08213244111; wt.-nd. 10.00-17.00; 7/5,50 €.

Dom i okolice Karolinenstrasse, odchodząca na północ od Rathausplatz, po kilku minutach doprowadza do **katedry NMP**. Jest to duża gotycka świątynia z dobrze zachowanymi pozostałościami po romańskim poprzedniku z XII w. Początkowo miała trzy nawy, dwie kolejne dobudowano po 1320 r. Z tych czasów pochodzi też duże prezbiterium. Do środka wchodzi się przez portale ozdobione rzeźbami biblijnych postaci o dramatycznych rysach twarzy. Stojąc w nawie głównej, warto zadrzeć głowę i spojrzeć na niewielkie witraże w pięciu oknach nad nawami południowymi. Pochodzą z XI w., co czyni je najstarszymi na świecie, które od powstania nie zmieniły miejsca. Przedstawiają proroków ze *Starego Testamentu*. Inne cenne elementy wyposażenia to romański tron biskupi oparty na dwóch lwach i obrazy Hansa Holbeina starszego. Pozostałością po pierwotnej świątyni są: romańska krypta pod zachodnim chórem, zamknięta sklepieniem opartym na trzech rzędach kolumn, resztki fresków i romańska figura patronki.

Do katedry przylegają zabudowania klasztorne z krużgankami. Jest tu **Diözesanmuseum St. Afra** (Muzeum Diecezjalne św. Afry) z gromadzonymi przez tysiąc lat zbiorami sakralnymi. Największy skarb to romańskie drzwi katedralne z brązu z 35 scenami ze *Starego Testamentu*. Są tu też współczesne witraże – najnowsze z 2010 r. W 2013 r. dwa późnogotyckie okna z witrażami przedstawiającymi św. Urszulę i *Pokłon Trzech Króli* zostały uszkodzone przez chuligana, który rzucił w nie kamieniami. Straty oceniono na 50 tys. euro. Katedra stoi przy ładnym brukowanym placu zanurzonym w zieleni. Po zachodniej stronie wznosi się Fronhof, niegdyś siedziba książąt-biskupów, a później lokalnego parlamentu. Budynek powstał w średniowieczu, ale czasy te pamięta już tylko wieża.

Stojący dalej na północ **Mozarthaus** (Dom Mozarta) to kolejny przykład pomnażania zysków z tradycji wielkiego kompozytora. Tak naprawdę urodził się tu ojciec artysty, a sam Wolfgang Amadeusz nie ma z tym miejscem nic wspólnego (oprócz zorganizowanej tu wystawy).

i Diözesanmuseum St. Afra, Kornhausgasse 3-5, ☎082131668833, www.museum-st-afra.de; wt.-sb. 10.00-17.00, nd. 12.00- 18.00; 4/3 €.

i Mozarthaus, Frauentorstr. 30; wt.-nd. 10.00-17.00.

Na wschód od Rathausplatz

Znacznie więcej wspólnego ze znanym pisarzem ma **Bertold-Brecht-Haus** (Dom Bertolda Brechta). W domu tym, 5 min spacerem na północny wschód od rynku, w 1898 r. urodził się dramatopisarz. Nie był on jednak zbyt lubiany w mieście (ani sam go nie lubił), a za komunistyczne poglądy artysty wielu pogardza nim także współcześnie. Budynek mieści dziś zbiór pamiątek po artyście.

Nawa główna katedry

132 Bawaria

Jednym z najciekawszych miejsc w Augsburgu jest Fuggerei (wejście od Jakoberstr.), kilometr na wschód od Rathausplatz. Jest to najstarszy w Europie kompleks budynków socjalnych wzniesiony w latach 1516–1525 za pieniądze Jakoba Fuggera, członka najbogatszego rodu w mieście. Zamknięty zespół składa się z 67 dwukondygnacyjnych kamieniczek, w których jest 147 mieszkań. Porośnięte pnączami domy i ciche uliczki to oaza spokoju w hałaśliwym mieście. Co ciekawe, obiekt pełni swą funkcję do dziś, a roczna opłata za mieszkanie wynosi 1 reński gulden (odpowiednik 1 €). Przy jednej z uliczek działa **Fuggereimuseum**, prezentujące dzieje kompleksu.

Fuggerei

i **Bertold-Brecht-Haus**, Auf dem Rain 7, ☎08213240; wt.-nd. 10.00-17.00; 2,50/2 €.

i **Fuggereimuseum**, Mittlere Gasse 13, www.fugger.de; IV-IX codz. 8.00-20.00. X-III codz. 9.00-18.00; 4/2 €.

Wzdłuż Maximilianstrasse Główną ulicą Augsburga jest odchodząca na południe od Rathausplatz Maximilianstr. Niektórzy uważają ją za najpiękniejszą w Bawarii, ale jest w tym chyba trochę przesady. Nie zmienia to faktu, iż przestrzenna arteria otoczona eleganckimi kamienicami i pałacami może faktycznie oczarować. Wrażenie potęgują dwie **zabytkowe fontanny**: Merkurbrunnen (niedaleko rynku) i Herkulesbrunnen (dalej na południe). Mniej więcej w połowie drogi między nimi, po zachodniej stronie stoi **Fuggerstadtpalast** (pałac miejski Fuggera; pod nr. 36; 1512–1515). Jest to dawna siedziba Jakoba Fuggera z wewnętrznym dziedzińcem, tzw. Damenhof, w stylu włoskiego renesansu. Na jego tyłach znajduje się Zeughaus, czyli zbrojownia z początków XVII w. Zbudowana została w stylu manierystycznym, a zdobi ją fantazyjna grupa rzeźbiarska z Archaniołem Michałem w centralnym miejscu. Dalej na południe znajduje się **Schaezlerpalais**, który w przeszłości należał do bogatego bankiera, Lieberta von Liebenhofena, a obecnie mieści Deutsche Barockgalerie (Niemiecka Galeria Barokowa) i Staatsgalerie (Galeria Państwowa) z dziełami takich mistrzów, jak Dürer, Cranach czy Holbein.

Maximilianstrasse kończy się przy St.-Ulrich-und-Afra-Kirche (kościół św. Ulryka i Afry). Jest to katolicka świątynia powstała w stylu gotyckim, a następnie przebudowana w duchu renesansu i baroku. W środku znajdują się grobowce

patronów miasta: rzymskiej męczennicy, św. Afry i księcia biskupa z X w., św. Ulryka. Co ciekawe, nawa z północnej strony została w XVIII w. przekształcona w osobny kościół luterański, również pod wezwaniem św. Ulryka.

[i] **Schaezlerpalais**, Maximilianstr. 46, ☎08213244102; wt.-nd. 10.00-17.00; 7/5,50 €.

Zachodnia część miasta Kilka przecznic na zachód od Rathausplatz stoi **St.-Anna-Kirche** (kościół św. Anny). Należy do dawnego klasztoru Karmelitów, w którym zatrzymał się Luter podczas spotkania z rzymskim kardynałem Kajetanem. Świątynia ma gotycki korpus i renesansową wieżę. Wewnątrz zwraca uwagę renesansowa, bogato dekorowana Fuggerkapelle (kaplica Fuggerów), w której spoczywa m.in. Jakob, twórca Fuggerei. Nie mniej efektowna jest Goldschmiedkapelle (kaplica Jubilerów) z zachowanymi pierwotnymi freskami.

Między Altstadt a dworcem kolejowym wznosi się Synagoge (synagoga) – secesyjna bożnica z lat 1914–1917 zbudowana przez Heinricha Lömpla i Fritza Landauera. W środku działa **Jüdisches Kulturmuseum** (Muzeum Kultury Żydowskiej).

[i] **St.-Anna-Kirche**, Im Annahof 2; pn. 12.00-17.00, wt.-sb. 10.00-18.00, nd. 15.00-16.00/17.00; bezpł.

[i] **Synagoge**, Halderstr. 8.

[i] **Jüdisches Kulturmuseum**; www.jkmas.de; wt.-czw.-pt. 9.00-18.00, pt. 9.00-16.00, nd. 10.00-17.00, pierwsza śr. miesiąca do 20.00; 4/2 €.

Füssen i okolice

Droga Romantyczna kończy się w Füssen, przyjemnej miejscowości u podnóża Alp Algawskich. Dzięki dobrej komunikacji i przyzwoitej bazie noclegowej stanowi ona punkt wypadowy do dwóch słynnych zamków w okolicznych górach. Godna uwagi jest też sama starówka, nad którą góruje trzeci zamek.

134 **Bawaria**

Starówka Ładna starówka z domami o jasnych ścianach i czerwonych dachach położona jest na brzegu rzeki Lech, niedaleko jeziora Forggensee. Nad zabudową dominuje Hohes Schloss (Wysoki Zamek), jeden z najcenniejszych w kraju późnogotyckich zamków, który na początku XVIII w. stał się letnią rezydencją książąt-biskupów z Augsburga. Ciekawie prezentuje się tutejszy dziedziniec z iluzjonistycznymi malowidłami wyobrażającymi gotyckie drzwi, okna i inne elementy architektoniczne, tak jakby w rzeczywistości tam były. Część obiektu służy dziś jako pomieszczenia **Staatsgalerie i Städtische Gemäldegalerie** (Galeria Państwowa i Miejska Galeria Obrazów). Zgromadzono tu dzieła regionalnych artystów, od XV do XIX w. Najpiękniejsze pomieszczenie to Rittersaal (Sala Rycerska) z drewnianym sklepieniem z XV w.
Poniżej znajduje się Kloster St. Mang, benedyktyński klasztor o historii sięgającej VIII w. Obecne zabudowania pochodzą z XVIII stulecia, a największe wrażenie robi Fürstensaal (Sala Książęca). W krypcie zachowały się najstarsze freski w Bawarii (ok. 1000 r.; można ją zwiedzić tylko podczas wycieczek organizowanych nieregularnie). Jest tu też jeszcze starsza Annakapelle (kaplica św. Anny; 830 r.) z freskiem *Taniec Śmierci* (1602). W klasztorze działa dziś **Museum der Stadt Füssen** (muzeum miejskie). Prócz zbiorów poświęconych dziejom miasta (m.in. jako ośrodka

Schloss Neuschwanstein

produkcji skrzypiec), można też zobaczyć ww. Salę Książęcą i kaplicę.

i **Staatsgalerie i Städtische Gemäldegalerie**, Magnusplatz 10; IV-X wt.-nd. 11.00-17.00, XI-III pt.-nd. 13.00-16.00; 6/4 € 1 obiekt, 7 €/2 obiekty.

i **Museum der Stadt Füssen**, IV-X wt.-nd. 11.00-17.00, XI-III pt.-nd. 13.00-16.00; 6/4 €.

Schwangau i Hochenschwangau

Tuż na wschód od Füssen leży wypoczynkowa miejscowość Schwangau, znana ze St. Colomankirche (kościół św. Kolomana). Świątynia stoi samotnie na polu, a jej wysoka wieża ładnie komponuje się z górami w tle (jeśli patrzy się od wschodu). Wnętrze utrzymane jest w typowej dla regionu, filigranowej stylistyce rokokowej. Sprzed kościoła widoczne są dwa zamki, ale żeby się do nich zbliżyć, trzeba dojechać do Hohenschwangau.

Schloss Neuschwanstein Niemcy to kraj zamków, ale powszechnie znany jest tylko jeden – Neuschwanstein. To właśnie on stanowił natchnienie dla rysowników Disneya, którzy mieli stworzyć zamek Królewny Śnieżki. Z Hohenschwangau można tu podejść stromą ścieżką przez las (ok. 30 min) lub podjechać specjalnym autobusem (w górę 2 €, w dół 1,50 €, w obie strony 3 €). W jednym i drugim przypadku warto wejść na XIX-wieczny Marienbrücke –

Bawaria

metalowy most przerzucony nad górskim kanionem, skąd rozciąga się fantastyczna panorama zamku. Stąd trzeba przebyć jeszcze ok. 600 m. Można też pójść w drugą stronę, w górę, do najsłynniejszego punktu widokowego z zamkiem na tle gór (ok. 1 godz. marszu).
Neuschwanstein powstał jako kaprys króla Ludwika II, który sam zajął się jego projektem (przy pomocy scenografa teatralnego Christiana Janka). Miał być repliką średniowiecznej twierdzy i przy okazji hołdem złożonym kompozytorowi Ryszardowi Wagnerowi (później odbywały się tu liczne koncerty jego muzyki). Prace rozpoczęto w 1869 r. i nigdy ich nie ukończono. Rozrzutność króla i jego dziwaczne obyczaje sprowokowały rząd do obalenia władcy (pretekstem miała być choroba psychiczna). W czerwcu 1886 r. Ludwika zamknięto w szpitalu psychiatrycznym, a trzy dni później jego ciało znaleziono w pobliskim jeziorze. Co by nie mówić o Ludwiku II, zostawił Bawarczykom niezwykle dochodową spuściznę. Rocznie przybywa tu ponad milion gości, a wpływy z turystyki dawno już przekroczyły kwotę wydaną na budowę.

Wnętrza zamku utrzymane są w różnych stylach. Mają swój urok, choć nie ma tu mowy o autentyczności, jak w średniowiecznych twierdzach – wszystko jest neo- albo pseudo- (wielu twierdzi, że Neuschwanstein lepiej wygląda z zewnątrz niż od środka). Najciekawsze pomieszczenia to bizantyjska, kapiąca złotem Sala Tronowa, dostojna Sala Śpiewacza, podobna do tej w zamku Wartburg nad Eisenach, oraz Sypialnia Króla, wzorowana na operze *Tannhäuser* Wagnera.

Dziedziniec zamkowy

i **Schloss Neuschwanstein**; ☎08362939880, www.neuschwanstein.de; zwiedzanie tylko z przewodnikiem codz. poł. III-poł. X 9.00-18.00, poł. X-poł. III 10.00-16.00, kasa jest otwierana i zamykana godz. wcześniej, w sezonie lepiej przyjść wcześnie rano, żeby w ogóle dostać bilet; 12/11 €, młodzież do 18 lat bezpł., razem z zamkiem Hohenschwangau 23/21 €.

Schloss Hohenschwangau

Znacznie mniej osobliwie prezentuje się drugi zamek królewski, Hohenschwangau. Tu problemów z komunikacją nie ma już żadnych; twierdza wznosi się nad miejscowością, bezpośrednio nad jednym

Hohenschwangau

z parkingów. Jest to duża budowla z obowiązkowymi blankami i narożnymi wieżami, utrzymana w tonacji żółto-pomarańczowej. Jej poprzednik stał tu już w średniowieczu. W pierwszej połowie XVI w. został przebudowany na renesansową rezydencję, a niespełna 300 lat później zniszczony podczas wojny tyrolskiej. Odbudowę w stylu angielskiego neogotyku nakazał następca tronu Maksymilian II, ojciec Ludwika II. Tu właśnie późniejszy władca dorastał, a po śmierci ojca nakazał przebudować swoją sypialnię, tak aby jej sklepienie przypominało niebo za dnia i w nocy (w stworzeniu nastroju miały pomagać przemyślnie ukryte lampy oliwne). W niektórych komnatach widnieją freski nawiązujące do niemieckich legend. W Hohenstaufensaal stoi pianino, przy którym Wagner odgrywał królowi kolejne partie swoich nowych dzieł.

U podnóża zamku rozciąga się jeziorko – Alpsee, tworzące ładny krajobraz z górami w tle.

i **Schloss Hohenschwangau**; ☎08362930830, www.hohen-schwangau.de; codz. IV-poł. X 8.00-17.00, poł. X-III 9.00-15.30; 12/11 €, młodzież do 18 lat bezpł., razem z zamkiem Neuschwanstein 23/21 €.

Tegelbergbahn Piękne widoki na Alpy Algawskie rozciągają się z Tegelbergu (1707 m n.p.m.), na który można wjechać **kolejką linową**. Ze szczytu można zejść szlakiem do zamków (*Königsschlösser*), mijając po drodze punkt widokowy na Neuschwanstein.

i www.tegelbergbahn.de; zwykle 9.00-16.30; 12,70 € w jedną stronę, 19,80 € powrotny, dzieci 5-15 lat płacą połowę.

138 **Bawaria**

Gdzie zjeść

Ratyzbona

Dicker Mann, Krebsgasse 6. Tradycyjny lokal z kuchnią bawarską, na południowy zachód od ratusza; www.dicker-mann.de.

Historische Wurstküche, Thundorfer Str. 3. Istniejąca od ok. 500 lat smażalnia kiełbasek podawanych z kapustą. Duży ogródek przy nabrzeżu, w pobliżu mostu.

Prinzess, niemal naprzeciwko Altes Rathaus. Reklamuje się jako najstarsza kawiarnia w Niemczech (działa od 1686 r.).

Pasawa

Większość hoteli prowadzi dobre restauracje.

Ratskeller, Rathausplatz 2. Tradycyjna restauracja z daniami mięsnymi i rybnymi. W ofercie piwo i wino. Latem stoliki wystawiane są na plac z widokiem na Dunaj.

Wirtshaus Bayerischer Löwe, Dr.-Hans-Kapfinger-Str. 3. Popularny lokal z kuchnią bawarską i dobrym piwem.

Norymberga

W restauracjach podaje się frankońską specjalność, *Bratwurst* (wieprzowe kiełbaski), co odróżnia region od pozostałej części Bawarii, gdzie dominuje kiełbasa biała.

Bratwursthäusle, Rathausplatz 1; nd. zamkn. Najsłynniejsza „kiełbasiana" restauracja, w niewielkim domku w cieniu kościoła św. Sebalda. Do kiełbasy podaje się tu kapustę.

Enchilady, Obstmarkt 5. Niedaleko na wschód od Hauptmarkt. Kuchnia meksykańska.

Essigbrätlein, Weinmarkt 3; czynne wt.–sb. Tradycyjne potrawy. Dość drogo.

Goldenes Posthorn, Glöckleinsgasse 2. Popularny lokal na północ od św. Sebalda, z ponad 500-letnią tradycją.

Bayreuth

Prawie wszystkie hotele mają dobre restauracje. Jeśli ktoś chce tanio zjeść, może zajrzeć do tajskiej restauracji *Hua Hin*, między Neues Schloss a Stadthalle, po drugiej stronie Ludwigstr.

Bamberg

Bamberg to raj dla miłośników piwa. Spożycie tego trunku jest tu największe w kraju (w przeliczeniu na głowę). W okolicy działa prawie sto browarów. Wiele z nich ma własne restauracje.

Klosterbräu, Obere Mühlgasse 1. Najstarszy browar miasta, w szachulcowym budynku z dziedzińcem ulokowanym nad rzeką.

Messerschmidt, Lange Str. 41. Niedaleko na wschód od centrum. Tradycyjna restauracja z dość wysokimi cenami.

Würzburg

Dobre restauracje są przy hotelach. Najlepsze miejsca do degustacji wina to winiarnie (*Weinstuben*), jak *Bürgerspital* (Theaterstr. 19;

VIII zamkn.), w dawnym przytułku niedaleko teatru, czy *Juliusspital* (Juliuspromenade 19; VIII zamkn.), też w historycznym przytułku, z północnej strony centrum. W obu lokalach można też dobrze zjeść. W piwnicach ratusza działa *Ratskeller* z tradycyjną bawarską kuchnią. Atrakcyjna ze względu na widoki jest restauracja *Alte Mainmühle* w dawnym młynie przy Alte Mainbrücke. Ceny są tu przeciętne, ale duży plus za panoramę mostu. Na kawę i tanie przekąski warto zajrzeć do popularnej wśród studentów *Café Uni* (Neubaustr. 2, kilka przecznic na południe od Markt).

Rothenburg ob der Tauber

Specjalność kulinarną Rothenburga stanowią *Schneebällchen* (kulki śnieżne; od 1,20 €), okrągłe ciastka w najrozmaitszych polewach.

Altfränkische Weinstube, Klosterhof 7. Czynna głównie w porze obiadowej. Na północny zachód od rynku. W ofercie miejscowe frykasy zapijane winem.

Baumeisterhaus, Obere Schmiedgasse 5. Restauracja w renesansowym budynku z dziedzińcem, z typową kuchnią bawarską.

Italia, Herrngasse 8. Pizzeria na zachód od rynku. Latem stoliki na ulicy.

Augsburg

China Restaurant Palace, Bahnhofstr. 21. Lekkie egzotyczne potrawy.

Die Ecke, Elias-Holl-Platz 2. Wykwintna kuchnia za duże pieniądze.

Ratskeller, Rathausplatz 2. Tradycyjne bawarskie specjały.

Zum Thorbräu, Wertachbrucker-Tor-Str. 9; pn. zamkn. Przybrowarny lokal na północnych krańcach centrum.

140 **Bawaria**

Gdzie spać

Garmisch-Partenkirchen

Gasthof Zum Rassen, Ludwigstr. 45, ☎088212089, www.gasthof--rassen.de; ②.
Jugendherberge, Jochstr. 10; ☎08821967050, www.garmisch.jugendherberge.de. Schronisko młodzieżowe o dobrym standardzie daleko na północ od centrum (dojazd autobusami #3, 4 lub 5). ②

Berchtesgaden

Allweglehen, Allweggasse 4, ☎086522396, www.allweglehen.de; ①.
Floriani, Königsseer Str. 37; ☎0865266011, www.hotel-floriani.de. Hotel na południe od dworca. ②
Lockstein, Am Lockstein 1; ☎086522122, www.cafe-lockstein.de. Hotel na wzgórzu nad centrum, z pięknym widokiem na Watzmanna. Od ①–②.

Mühlleiten, Königsseer Str. 70; ☎086524584, www.camping-muehlleiten.de. Kemping w Schönau, miejscowości nad jeziorem Königssee. ①

Altötting

Przy Kapellplatz działa hotel *Zur Post* (nr 2, ☎086715040, www.zurpostaltoetting.de; ③) oraz *Münchner Hof* (Kapellplatz 12, ☎086716868, www.gasthof-muenchnerhof.de; ②–③).

Ratyzbona

Herzog am Dom, Domplatz 3, ☎0941584000, www.achat-hotels.com/en/hotel/regensburg. Ekskluzywny obiekt przy samej katedrze. Ceny mogą dojść nawet do 500 € za pokój 2-os. ④–⑥
Ibis City, Furtmayrstr. 1, ☎094178040, www.ibishotel.com. Hotel znanej sieci blisko na wschód od dworca kolejowego. ②–③

Orphée Kleines Haus, Wahlenstr. 1, ☎0941596020, www.hotel-orphee.de. W ścisłym centrum, między ratuszem a katedrą. Sterylne pokoje, niektóre urządzone dość minimalistycznie. ②–④.

Am Peterstor, Fröhliche-Türken-Str. 11, ☎094154545, www.hotel-am-peterstor.de. Kilka przecznic na południe od katedry. Proste, współczesne wnętrza. Recepcja działa 7.00–11.00 i 16.00–22.30. ②

Spitalgarten, St.-Katharinen-Platz 1, ☎094184774, www.spitalgarten.de. Dobra lokalizacja blisko Steinerne Brücke, po przeciwnej stronie Dunaju niż starówka. Z okolic klasyczna panorama Ratyzbony. ②

Brook Lane Hostel, Obere Bachgasse 21, ☎09416965521, www.hostel-regensburg.de. Prywatne schronisko w południowej części starówki. ②

Jugendherberge, Wöhrdstr. 60, ☎09414662830, www.regensburg.jugendherberge.de. Schronisko młodzieżowe 15 min marszu od katedry, po drugiej stronie Dunaju. ②.

Kemping Azur, Weinweg 40, ☎0941270025, www.azur-camping.de/de/campingplaetze/regensburg. Nad Dunajem, 2 km od centrum (dojazd autobusem #6).

Pasawa

Jugendherberge, Veste Oberhaus 125; ☎0851493780, www.passau.jugendherberge.de. Schronisko młodzieżowe w zamku; 131 miejsc w różnorodnych pokojach. ②

Passauer Wolf, Rindermarkt 6–8; ☎0851931510, www.hotel-passauer-wolf.de. Blisko Dunaju. ②

HendlHouseHotel, Grosse Klingerstr. 17, ☎085133069, www.stadthotel-passau.de. ②

Wilder Mann, Höllgasse 1, ☎085135071, www.wilder-mann.com. Najbardziej reprezentacyjny hotel w mieście, blisko ratusza. Nocowali w nim m.in. Ludwik II, cesarzowa Sissi i Michaił Gorbaczow. Od ③

Norymberga

Deutscher Kaiser, Königstr. 55, ☎0911242660, www.deutscher-kaiser-hotel.de. Elegancki obiekt z pokojami umeblowanymi w dawnym stylu. Przy głównej ulicy w południowej części starówki. ③–⑥

Elch, Irrerstr. 9, ☎09112492980, www.hotel-elch.eu. Hotel w szachulcowym domu na zachód od kościoła św. Sebalda. Spokój i ładne wnętrza. ⑤–⑥

Probst, Luitpoldstr. 9, ☎0911203433, www.hotel-garni-probst.de. Relatywnie niedrogi hotelik przy jednej z uliczek na północ od dworca kolejowego. ②–③.

Keiml, Luitpoldstr. 7, ☎0911226240, www.hotel-keiml.de. Tańszy sąsiad *Probsta*. 36 miejsc w 23 pokojach. ②

Zum Schwänlein, Hintere Sterngasse 11, ☎0911225162, http://schwaenlein-nuernberg.de. Pensjonat niedaleko na północ od dworca kolejowego. Miła obsługa. ②

Vater Jahn-Parma, Jahnstr. 13, ☎0911444507, www.hotel-

142 **Bawaria**

vaterjahn-parma.de. Pensjonat kilka przecznic na zachód od dworca, z południowej strony torów. Tanio. ①-②}
Jugendherberge, Burg 2, ☎09112309360, www.nuernberg.jugendherberge.de. Schronisko młodzieżowe wspaniale ulokowane w zamku ponad miastem. 307 miejsc w pokojach 2-6-os. ②.
Knaus Campingpark, Hans-Kalb-Str. 56, ☎09119812717, www.knauscamp.de. W pobliżu terenów targowych, w Volksparku. Dojazd U-Bahn #1 do Messezentrum. ①

Bayreuth

Bayerischer Hof, Bahnhofstr. 14; ☎092178600, www.bayerischer-hof.de. Elegancki hotel z licznymi udogodnieniami zaraz obok dworca kolejowego. ③
Goldener Anker, Opernstr. 6; ☎09217877740, www.anker-bayreuth.de. W samym centrum, przy operze. ④-⑥
Jugendherberge, Universitätstr. 28; ☎0921764380, www.bayreuth.jugendherberge.de; zamkn. poł. XII-I. Schronisko młodzieżowe oddalone o ponad 1 km na południowy wschód od centrum (dojazd autobusem #4). ④

Bamberg

Hotel Villa Geyerswörth, Geyerswörthstr. 15-21a, ☎095191740, www.villageyerswoerth.de. Czterogwiazdkowy obiekt na wyspie w centrum, blisko informacji turystycznej. ④-⑥
Hotel Sankt Nepomuk, Obere Mühlbrücke 9, ☎095198420, www.hotel-nepomuk.de. Niedaleko poprzedniego, w szachulcowym budynku w dawnej dzielnicy młynów. Dobry standard. ③-⑥
Bamberger Weissbierhaus, Obere Königstr. 38, ☎095125503, www.bamberger-weissbierhaus.de. W starym budynku browaru, między centrum a dworcem kolejowym.
Fässla, Obere Königstr. 19-21, ☎095126516, www.faessla.de. Blisko kanału, po drodze z centrum na dworzec. Również należy do browaru. 43 miejsca w 26 pokojach. ②
Spezial, Obere Königstr. 10, ☎095124304, www.brauerei-spezial.de. Kolejny przybrowarny obiekt przy tej samej ulicy. W ładnym szachulcowym domu. 12 miejsc w 7 pokojach. ②

Jugendherberge, Unterer Kaulberg 30, ☎095129952890, www.bamberg.jugendherberge.de. Schronisko młodzieżowe nad rzeką, 2 km od centrum. 138 miejsc w pokojach 1-6-os. Autobus #18 do Rodelbahn. ②

Kemping Insel, Am Campingplatz 1, ☎095156320, www.campinginsel.de. Przyjemna lokalizacja nad rzeką. Autobus #18. ①.

Würzburg

Hotel Greifensteiner Hof, Dettelbachergasse 2, ☎093135170, www.greifensteiner-hof.de. Porządny czterogwiazdkowy obiekt kilka kroków od Markt. ③-④

Hotel Goldenes Fass, Semmelstr. 13, ☎093145256810, www.hotel-goldenesfass.de. 25 miejsc w 15 pokojach na wschód od centrum i na północ od Residenz. ②

Pensjonat Siegel, Reisgrubengasse 7, ☎093152941, www.pension-siegel.com. Relatywnie tani, między centrum a dworcem. ②

Babelfish-Hostel, Prymstr. 3, ☎0931304 0430, www.babelfish-hostel.de. Prywatny hostel blisko Berliner Platz, 5 min na wschód od dworca. Noclegi w schludnych pokojach 2-8-os. ②.

Jugendherberge, Fred-Joseph-Platz 2, ☎0914677860, www.wuerzburg.jugendherberge.de. Schronisko młodzieżowe na zachodnim brzegu rzeki, poniżej twierdzy. 254 miejsca w pokojach 4-8-os. Dojazd tramwajem #3 lub 5 do Ludwigsbrücke i dalej pieszo lub spacer od Alte Mainbrücke wzdłuż nabrzeża. ②

Kemping Kanu-Club, Mergentheimer Str. 13b, ☎093172536, cklingenmeier@web.de. Niespełna 30 min marszu na południe od centrum, na zachodnim brzegu rzeki. Można podjechać tramwajem #3 lub 5 (do Judenbühlweg). ①

Rothenburg ob der Tauber

Hotel Eisenhut, Herrngasse 3-7, ☎098617050, www.eisenhut.com. Jeden z najbardziej luksusowych w mieście, w kilku kamienicach przy głównej ulicy na zachód od rynku. Ok. 200 € za pokój 2-os.. ③-⑤

Hotel Goldenes Lamm, Markt 2, ☎098616563, www.goldeneslamm.com. Świetna lokalizacja przy samym rynku. Dobry standard, choć spokój niektórych pokoi może zakłócać hałas z zewnątrz. ②

Hotel Goldener Greifen, Obere Schmiedgasse 5, ☎098612281,

144 **Bawaria**

www.gasthof-greifen.rothenburg.de. Blisko rynku. 38 miejsc w 17 pokojach. ②

Hotel Zum Ochsen, Galgengasse 26, ☎098616760, www.gasthof-ochsen-rothenburg.de. Przyjemny i niedrogi obiekt w północno-wschodniej części starówki. ②

Pensjonat Becker, Rosengasse 23, ☎098613560, www.pension-becker.com. Spory pensjonat z 29 miejscami w 17 pokojach, pięć przecznic na północny wschód od Markt. ①–②

Pensjonat Then, Johannitergasse 8a, ☎098615177, www.pension-then.de. Przy spokojnej uliczce poza murami miasta, po drodze na dworzec kolejowy. 10 min szybkiego marszu z rynku. ①–②

Jugendherberge, Mühlacker 1, ☎098 6194160, www.rothenburg.jugendherberge.de. Schronisko młodzieżowe na południowych krańcach starówki. Zwykle mocno oblegane, lepiej wcześniej rezerwować. 184 miejsc w pokojach 1–8-os. ②.

Kemping Tauber-Romantik, Detwang, ☎098616191, www.camping-tauberromantik.de. Nad rzeką na przedmieściu Detwang, 2 km na północ od centrum. Czynne 15 III–5 XI. ①

Kemping Tauber-Idyll, Detwang, ☎0986 13177, www.rothenburg.de/tauberidyll. Podobna lokalizacja, jak poprzedni. Czynne Wielkanoc–X. ①

Dinkelsbühl

Deutsches Haus, Weinmarkt 3; ☎098516058, www.deutsches-haus-dkb.de. Hotel naprzeciwko kościoła, w najpiękniejszym szachulcowym domu w mieście. ③–④

Jugendherberge, Koppengasse 10, ☎098515556417, www.dinkelsbuehl.jugendherberge.de. Schronisko młodzieżowe ze 128 miejscami w XV-wiecznym spichlerzu w zachodniej części starówki. ②

Romantische Strasse, Kobeltsmühle 6; ☎098517817. Kemping o wysokim standardzie, nad jeziorkiem, kilka minut spacerem na wschód od centrum.

Eichstätt

Jugendherberge, Reichenaustr. 15; ☎084219 80410, www.eichstaett.jugendherberge.de; czynne II-XI. Schronisko młodzieżowe ze 122 miejscami w pokojach 4-10-os., na stoku na południowym brzegu rzeki, u podnóża Willibaldsburga. ②

Kloster St. Walburg, Walburgiberg 6; ☎0842198870, fax 08421988740. Noclegi w zabudowaniach klasztoru nad miastem. ②

Nördlingen

Hotel-Café Altreuter, Marktplatz 11; ☎090814319. Naprzeciwko kościoła. ③-④

Roter Löwe, Baldinger Str. 44; ☎090813648. W północnej części starówki, blisko Baldinger Tor; 8 łóżek. ①-②

Augsburg

Hotel Augusta, Ludwigstr. 2, ☎082150140, www.hotelaugusta.de. Duży luksusowy hotel w samym centrum. ③-④

Dom-Hotel, Frauentorstr. 8, ☎0821343930, www.domhotel-augsburg.de. Urokliwy obiekt tuż na północ od katedry. Na miejscu basen i sauna. ②-③

Hotel Am Rathaus, Am Hinteren Perlachberg 1, ☎0821346490, www.hotel-am-rathaus-augsburg.de. Niewielki hotel w pobliżu głównego rynku. Ładnie urządzone pokoje. ③

Pensjonat Märkl, Schillstr. 20, ☎0821791499, www.pension-maerkl.de. Jeden z najtańszych obiektów w mieście, blisko centrum, można podjechać autobusem #22 lub tramwajem #1. ①-②

Pensjonat Linderhof, Aspernstr. 38, ☎0821713016, pension-linderhof.de. Ok. 1 km od centrum, za rzeką. Dojazd tramwajem #1. ①-②

Pensjonat Susi, Widderstr. 79, ☎0821701907. Niewielki pensjonat z 4 pokojami na północ od centrum. Autobus #23 lub tramwaj #1.

Jugendherberge, Unterer Graben 6, ☎08217808890, www.augsburg-jugendherberge.de. Schronisko młodzieżowe na obrzeżach starówki, na wschód od katedry. 222 miejsca w pokojach 2- i 4-os. ②

Schwangau

Hirsch, Kaiser-Maximilian-Platz 7; ☎0836293980, www.hotelhirsch.de. W dużym budynku blisko informacji turystycznej ③-④

Jugendherberge, Mariahilfestr. 5; ☎083627754, www.fuessen.jugendherberge.de. W Füssen, ok. 10 min spacerem od dworca; 134 miejsca w pokojach 2-6-os. ②

Zum Hechten, Ritterstr. 6; ☎0836291600, www.hotel-hechten.com. ③

Musisz wiedzieć

Banki, bankomaty, karty płatnicze

Banki pracują na ogół od poniedziałku do piątku, a niektóre także w soboty przed południem. Godziny pracy banków w przypadku poszczególnych placówek mogą się różnić – najczęściej jest to 9.00–12.00 i 13.30–15.30, w niektóre dni do 18.00. Bankomaty (*Geldautomat*) umieszczane są na zewnątrz instytucji, w czynnych przez całą dobę przedsionkach, a także w wielu innych miejscach publicznych: np. centrach handlowych, na lotniskach, dworcach kolejowych itp. Posiadają instrukcje obsługi w języku niemieckim i angielskim.

W Niemczech akceptowane są różne karty kredytowe i debetowe (American Express, Diners Club, Visa a także Euro- i MasterCard). Najczęściej używane karty to MasterCard.

Ceny noclegów

Przyjęte w przewodniku kategorie odpowiadają następującym przedziałom cenowym:

do 50 €	①
51–100 €	②
101–150 €	③
151–200 €	④
201–250 €	⑤
ponad 250 €	⑥

Informacja turystyczna

W Bawarii, podobnie jak w całych Niemczech, działa wiele doskonale zorganizowanych biur informacji turystycznej.

Monachium

W Monachium działają dwa główne biura **informacji turystycznej** (☎08923396500, www.muenchen-tourist.de). Jedno mieści się w **Neues Rathaus** (Marienplatz 8; pn.–pt. 9.30–19.30, sb. 10.00–16.00), drugie – na **Hauptbahnhof** (Bahnhofplatz 2; pn.–sb. 9.00–20.00, nd. 10.00–18.00). Biura oferują plany miasta i broszury z listą hoteli i innych miejsc noclegowych, niestety najważniejsze materiały są płatne.

Berchtesgaden

Biuro **informacji turystycznej** (Königsseer Str. 2, ☎086529670, www.berchtesgaden.com; V–X pn.–pt. 8.30–18.00, sb. 9.00–17.00, nd. 9.00–15.00, XI–IV pn.–pt. 8.30–17.00, sb. 9.00–12.00) dysponuje listą **kwater prywatnych**. ②–④

Altötting

Biuro **informacji turystycznej** (Kapellplatz 2a, www.altoetting touristinfo.de; V–X pn.–pt.–pt. 8.00–17.00, sb. 9.00–16.00, nd. 10.00–13.00, XI–IV pn. 8.00–17.00, wt.–czw. 8.00–12.00 i 14.00–17.00, pt. 8.00–12.00) ma swą siedzibę w ratuszu, z północnej strony głównego placu.

Ratyzbona
Biuro **informacji turystycznej** (Altes Rathaus, Rathausplatz, ☎09415074410, www.regensburg.de; pn.–pt. 9.00–18.00, sb. 9.00– 16.00, nd. 9.30–16.00, po sezonie nd. do 14.30) mieści się w Starym Ratuszu. Można tu otrzymać liczne foldery, m.in. w jęz. polskim. Instytucja organizuje także **wycieczki po mieście** (8/6 €).

Pasawa
Biuro **informacji turystycznej** (Rathausplatz 2, ☎0851955980, www.tourismus.passau.de; Wielkanoc–IX pn.–pt. 8.30–18.00, sb. i nd. 9.00–16.00, X–Wielkanoc pn.–czw. 8.30–17.00, pt. do 16.00, sb.–nd. 10.00–15.00) mieści się w ratuszu na brzegu Dunaju. Jest też filia na Dworcu Głównym (Wielkanoc–IX pn.–pt. 9.00–12.00 i 12.30–17.00, sb. i nd. 10.30– 15.30, po sezonie pn.–czw. 9.00– 12.00 i 12.30– 7.00, pt. do 16.00, sb. 10.30–15.30).

Norymberga
Miasto ma dwa **biura informacji** turystycznej. Jedno ma siedzibę w centrum (Hauptmarkt 18; ☎091123360, www.tourismus.nuernberg.de; pn.–sb. 9.00–18.00, V–X też nd. 10.00–16.00), drugie naprzeciwko dworca kolejowego (Königstr. 93; ☎09112336132; pn.–sb. 9.00–19.00). Można tu kupić Nürnberg Card + Fürth uprawniającą do bezpłatnego zwiedzania większości muzeów i przemieszczania się komunikacją publiczną po Norymberdze i pobliskim Fürth.

Bayreuth
Biuro **informacji turystycznej** (Opernstraße 22, ☎092188588, www.bayreuth-tourismus.de; pn.–pt. 9.00–18.00, sb. 9.00–16.00, nd. 10.00–14.00) zajmuje wnętrza

współczesnego budynku, z północnej strony centrum, po drodze do dworca. Można tu kupić ważną trzy dni **Bayreuth Card** (12,90 €), która uprawnia m.in. do bezpłatnego poruszania się komunikacją miejską i zwiedzania większości muzeów.

Bamberg
Biuro **informacji turystycznej** (Geyerswörthstr. 5; ☎09512976200, www.bamberg.info; pn.–pt. 9.30–18.00, sb. 9.30–16.00, nd. 9.30–16.30) w budynku niedaleko na południe od ratusza oferuje Bamberg Card (12 €/os.), która daje prawo do bezpłatnego podróżowania komunikacją miejską, wycieczek z przewodnikiem po mieście i wstępu do niektórych muzeów.

Würzburg
Biuro **informacji turystycznej** (Falkenhaus am Markt; ☎0931372398, www.wuerzburg.de; I–III pn.–pt. 10.00–17.00, sb. 10.00–14.00, IV–XII pn.–pt. 10.00–18.00, sb. 10.00–14.00, V–X też nd. 10.00–14.00) ma siedzibę w rokokowym budynku przy głównym placu. Można tu kupić zniżkową kartę Welcome Card (3 €), podobnie jak w drugim biurze w Congress Centrum, nad rzeką, na zachód od dworca.

Rothenburg ob der Tauber
Bardzo dobre biuro **informacji turystycznej** (Marktplatz 2; ☎09861404800, www.rothenburg.de; V–X pn.–pt. 9.00–18.00, sb. i nd. 10.00–17.00, XI–IV pn.–pt. 9.00–17.00, sb. 10.00–13.00) działa w budynku Ratsherrntrinkstube, w górnej części Markt. Oferuje m.in. broszurę z opisem zabytków w jęz. polskim.

Dinkelsbühl
Biuro **informacji turystycznej** (Altrathausplatz 14, ☎09851902440, www.dinkelsbuehl.de; V–X pn.–pt. 9.00–18.00, sb. i nd. 10.00–17.00, XI–IV codz. 10.00–17.00) mieści się w czerwonym Ratsherrntrinkstube (Tawerna Rajców), w którym niegdyś gościł m.in. szwedzki król Gustaw Adolf.

Eichstätt
Biuro **informacji turystycznej** (Domplatz 8; ☎084216001400, www.eichstaett.de; IV–X pn.–sb. 9.00–18.00, nd. 10.00–13.00, XI–III pn.–czw. 10.00–12.00 i 14.00–16.00, pt. 10.00–12.00) mieści się w budynku w cieniu katedry (wejście od Martinsgasse).

Nördlingen
Biuro **informacji turystycznej** (Marktplatz 2; ☎0908184116, www.noerdlingen.de) w budynku schowanym za ratuszem organizuje wycieczki po mieście (14.00; 3 €, do 12 lat bezpł.).

Augsburg
Biuro **informacji turystycznej** (Rathausplatz 1, ☎0821502070, www.augsburg-tourismus.de; IV–poł. X pn.– pt. 9.00–18.00, sb. 10.00–17.00, nd. 10.00–15.00, poł. X–III pn.–pt. 9.00–17.00, sb. 10.00–17.00. nd. 10.00–15.00).

Füssen
Biuro **informacji turystycznej** (Kaiser-Maximilian-Platz 1; ☎0836293850, www.fuessen.de; pn.–pt. 9.00–17.00, sb. 10.00–14.00) ma siedzibę przy głównym placu, blisko dworca i z północnej strony starówki.

Placówki dyplomatyczne

Ambasada RP w Berlinie
14193 Berlin, Lassenstr. 19–21; ☎030223130, berlin.amb.sekretariat@msz.gov.pl, www.berlin.msz.gov.pl

Konsulat Generalny RP w Monachium
81679 München, Röntgenstr. 5; ☎08941860836, www.monachium.msz.gov.pl.

Ambasada Republiki Federalnej Niemiec w Warszawie
00-467 Warszawa, ul. Jazdów 12; ☎0225841700, www.polen.diplo.de.

Poczta i telekomunikacja

Urzędy pocztowe (*Postamt*) w dużych miastach Niemiec otwarte są na ogół od poniedziałku do piątku od 8.00 do 18.00, w soboty od 8.00 do 12.00. Na lotniskach i głównych dworcach kolejowych często pracują do późnych godzin wieczornych oraz w niedziele. W Niemczech działa czterech głównych operatorów telefonii komórkowej: E-Plus, Vodafone D2, T-Mobile, 02. Chcąc podczas podróży do Niemiec korzystać z telefonu komórkowego, warto przed wyjazdem zapytać swojego operatora o warunki roamingu.

Policja i bezpieczeństwo

Niemcy należą do krajów bezpiecznych, w których nie ma szczególnego zagrożenia przestępczością pospolitą (poza kradzieżami kieszonkowymi na dworcach kolejowych, lotniskach, podczas imprez masowych itp.). Dobrze jest posiadać ksero tej strony paszportu lub dowodu osobistego, gdzie znajdują się zdjęcie i dane osobowe. Jeżeli dokument zostanie zgubiony, skradziony lub zniszczony, kartka ta posłuży do szybkiego wyrobienia nowego. W takiej sytuacji należy jak najszybciej zgłosić się do najbliższej jednostki policji, a następnie udać się do polskiego konsulatu, gdzie zostanie wyrobiony paszport tymczasowy, umożliwiający powrót do kraju. Jeżeli turysta stanie się ofiarą przestępstwa, musi zgłosić się na policję lub wezwać ją telefonicznie (☎110). Po spisaniu zajścia trzeba poprosić o kopię protokołu zdarzenia. W razie wypadku lub konieczności uzyskania pomocy lekarskiej należy wezwać pogotowie (☎112).

Przyjazd i podróżowanie po kraju

Do Bawarii można się dostać na wiele sposobów: samochodem, autokarem, pociągiem i samolotem. Dobrze rozwinięta jest także sieć komunikacji w całym kraju.

Samochodem

Wybierając się w podróż do Niemiec samochodem, należy zabrać prawo jazdy (krajowe lub międzynarodowe), dowód rejestracyjny pojazdu oraz dowód ubezpieczenia (podróżując samochodem z przyczepą także dowód ubezpieczenia przyczepy). Obecnie w krajach Unii Europejskiej nie trzeba już mieć Zielonej Karty, wystarczy dowód OC (krajowy). Polskie MSZ zaleca jednak jej posiadanie w trakcie podróży (karta jest potwierdzeniem zawarcia ubezpieczenia OC). Przed wyjazdem do Niemiec warto także wykupić ubezpieczenie Assistance. W razie wypadku lub awarii samochodu w całym kraju pomocy udziela klub motoryzacyjny ADAC (☎01802222222, z telefonu komórkowego ☎222222).

Informacje dla kierowców Należy zabrać ze sobą kamizelkę ostrzegawczą z pasami odblaskowymi, a także apteczkę, trójkąt ostrzegawczy, gaśnicę, zapasowe koło i komplet zapasowych żarówek. Wszyscy podróżni są zobowiązani do zapinania pasów bezpieczeństwa (również osoby jadące na tylnych siedzeniach), a dzieci do lat 12 lub poniżej 150 cm wzrostu nie mogą podróżować z przodu.

Dworzec kolejowy w Monachium

Dopuszczalna zawartość alkoholu we krwi prowadzącego nie może przekroczyć 0,5‰. **Rozmowy przez telefon komórkowy** podczas jazdy są zabronione.

Dozwolona prędkość samochodów osobowych: w terenie zabudowanym 50 km/godz., na drogach krajowych, poza terenem zabudowanym 100 km/godz. (z przyczepą 80 km/godz.), na drogach ekspresowych 110 km/godz. (z przyczepą 80 km/godz.). Minimalna prędkość na autostradzie to 60 km/godz., a maksymalna na większości odcinków: 130 km/godz. (z przyczepą 80 km/godz.). W miejscach, gdzie na autostradzie nie ma ograniczenia prędkości, zaleca się jazdę nie szybszą niż 130 km/godz. Jeśli jadąc z większą prędkością spowoduje się wypadek, można zostać pozbawionym prawa do odszkodowania.

Wysokość **mandatów** waha się od 10 do 750 €.

Pociąg

Podróż do Niemiec pociągiem jest szybka i wygodna, ale niestety stosunkowo droga. Z największych miast Polski (m.in. Warszawy, Poznania, Szczecina, Wrocławia, Katowic) codziennie odjeżdżają pociągi EuroCity (EC), InterCity (IC) i InterCity Express (ICE) do dużych miast niemieckich, m.in. do Berlina, Lipska, Drezna, Frankfurtu nad Menem. Są wśród nich pociągi nocne, w których można wykupić również miejsce sypialne lub w wagonie z miejscami do leżenia. Podróżowanie pociągiem już wewnątrz obszaru Niemiec jest dobrym pomysłem dla osób, które nie muszą zbytnio oszczędzać. Na dłuższych trasach w granicach kraju opłata za przejazd naliczana jest za każdy przejechany kilometr. Dwugodzinna podróż kosztuje ok. 30 €. Warto jednak szukać możliwości obniżenia kosztów przejazdu pośród ofert biletów strefowych czy zniżkowych, a także decydując się na podróż tańszymi pociągami regionalnymi.

Autokar

Komunikacja autokarowa między Polską a Niemcami jest dobrze zorganizowana. Jeden z głównych przewoźników to Eurolines (www.eurolines.pl). Firma często oferuje promocje na najbardziej popularnych trasach, a do takich zalicza się wiele kursów do Niemiec. Na terenie Niemiec w każdym landzie działają lokalne przedsiębiorstwa komunikacji autobusowej. Co prawda bardziej popularny jest transport kolejowy, ale autobusy przydają się na odludnych terenach, gdzie sieć kolejowa nie jest tak rozwinięta.

Samolot

Przeloty do Niemiec, m.in. do Monachium, mieszczą się w rozkładach lotów większości polskich portów lotniczych, m.in. Warszawy, Łodzi, Poznania, Wrocławia, Krakowa, Katowic. Samoloty łączące Polskę z Niemcami należą do takich przewoźników, jak LOT czy Lufthansa, ale także do tanich linii.

Ważne telefony

Numer kierunkowy do Niemiec
☎0049

Numer kierunkowy z Niemiec do Polski ☎0048
Policja ☎110 (z publicznych budek telefonicznych połączenie jest bezpłatne)
Straż pożarna ☎112
Pierwsza pomoc medyczna ☎112
Pomoc drogowa ADAC ☎01802 222222, z telefonu komórkowego ☎222222, ACE ☎01802343536.

Zdrowie i ubezpieczenia

W Niemczech nie występują żadne zagrożenia sanitarne, a od turystów przekraczających granicę nie wyma-

Lotnisko w Monachium

ga się okazania zaświadczeń żadnych szczepień.

W przypadku lekkiej niedyspozycji można poprosić o poradę aptekarzy (wielu mówi po angielsku). Na drzwiach aptek (*Apotheke*) wywieszane są informacje o adresach najbliższych placówek pełniących dyżur nocny i otwartych całą dobę. Jeśli potrzebna jest pomoc lekarza, można zgłosić się do publicznego ośrodka zdrowia lub szpitala. w razie wypadku należy wezwać pogotowie ratunkowe (☎112). W Niemczech działa też wiele prywatnych placówek medycznych. Za wizytę u lekarza trzeba zapłacić ok. 50 €. Jedna doba pobytu w szpitalu (bez badań, zabiegów i operacji) to koszt od 500 €.

Polacy przebywający na terenie Niemiec (i innych państw Unii Europejskiej) mają prawo do bezpłatnej opieki zdrowotnej (w zakresie koniecznym) w publicznych ośrodkach zdrowia i szpitalach. Aby móc korzystać z opieki zdrowotnej należy w placówce służby zdrowia okazać Europejską Kartę Ubezpieczenia Zdrowotnego (EKUZ), którą mogą otrzymać osoby opłacające składki na Narodowy Fundusz Zdrowia. Karty EKUZ wydawane są przez wszystkie oddziały Narodowego Funduszu Zdrowia. Należy zgłosić się do oddziału NFZ właściwego dla miejsca zamieszkania. Więcej informacji: www.nfz.gov.pl.

Ze względu na ograniczony charakter pomocy medycznej jaki gwarantuje Europejska Karta Ubezpieczenia Zdrowotnego (nie zapewnia np. pokrycia kosztów specjalistycznego transportu medycznego do Polski), warto zastanowić się nad wykupieniem dodatkowego ubezpieczenia. Powinno ono obejmować koszty leczenia w szerszym zakresie niż EKUZ, a także opieki lekarskiej oraz pobytu w prywatnych szpitalach i ośrodkach zdrowia. Wskazane jest wykupienie indywidualnego pakietu ubezpieczeniowego, szczególnie od następstw nieszczęśliwych wypadków i kosztów leczenia.

Indeks

A
Alpy 64
Alpy Wetterstein, pasmo górskie 65
Altötting 83
Augsburg 128

B
Bamberg 105
Bayreuth 102
Berchtesgadener Land, region 76
Berchtesgaden 76

C
Chiemsee, jezioro 74

D
Dinkelsbühl 120

E
Eichstätt 121
Ettal 72

F
Frankonia, region 94
Füssen 133

G
Garmisch-Partenkirchen 65
Górna Bawaria, region 64

H
Herrenchiemsee, zamek 74
Hohenschwangau, zamek 136

J
Jenner, szczyt 82

K
Königssee, jezioro 81

L
Linderhof 72

M
Mittenwald 71
Monachium 36
    Alte Pinakothek 49
    Altstadt 37
    BMW Museum 54
    Bürgersaal 43
    Dachau 58
    Deutsches Museum 54
    Englischer Garten 51
    Frauenkirche 44
    Heiliggeistkirche 40
    Königsplatz 48
    Marienplatz 37
    Michaelskirche 42
    Max-Joseph-Platz 45
    Neue Pinakothek 50
    Nymphenburg 57
    Odeonsplatz 47
    Olympiapark 53
    Peterskirche 40
    Pinakothek der Moderne 50
    Residenz 44
    Residenzmuseum 45
    Schatzkammer der Residenz 46
    Staatliches Museum für Völkerkunde 51
    Stadtmuseum 41
    Theresienwiese 55

N
Neuschwanstein, zamek 135
Norymberga 94
Nördlingen 125

P
Pasawa 90
Południowo-zachodnia Bawaria, region 125

R
Ratyzbona 84
Rothenburg ob der Tauber 117

S
Schwangau 135
Szwabia Bawarska, region 125

T
Tegelbergbahn 137

W
Walhalla 89
Watzmann, szczyt 82
Weltenburg, klasztor 90
Wieskirche 73
Wschodnia Bawaria, region 84
Würzburg 110

Z
Zugspitze, szczyt 68

Tytuł serii: Pascal Lajt
Autorzy: Sławomir Adamczak, Katarzyna Firlej-Adamczak, Daria Gosek
Redakcja: Jolanta Olejniczak-Kulan, Urszula Pahl (informacje praktyczne)
Korekta: Urszula Czerwińska
Skład: www.pagegraph.pl
Mapy: Wydawnictwo Gauss, Wydawnictwo Kartografika (mapa na wew. stronie okładki)
Fotoedycja: Luba Ristujczina – www.studiolitera.pl
Projekt graficzny: Michał Piekarski
Projekt graficzny okładki: Olga Reszelska
Redaktor techniczny: Mariusz Kurkowski
Redaktor prowadzący: Piotr Pahl

Zdjęcia na okładce: Dreamstime.com (Asier Villafranca, Luisa Vallon Fumi, Ratchada Siwalaikul)

Zdjęcia: g – na górze, d – na dole, ś – na środku, l – po lewej, p – po prawej
Alamy/BE&W: Yadid Levy (30), afi cart_net (126), Zoonar GmbH (127)
Corbis.com/Bridgemanart.com: Kurt Schraudenbach (18), De Agostini Picture Library (18-19), Franco Cogoli (30-31)
Dreamstime.com: Suttipon (1), Gepapix, Johnypan, Daria Angelova, Jennifer Barrow, Zoom-zoom (2), Henrik Andersen, Yew Fai Wong, Biserko, Intrepix, Fottoo (3), Filmfoto (5, 14-15, 32, 56, 65), Jorisvo (10), Minyun Zhou (11), Alexandre Fagundes (12lg), Gary718 (12ld), Dmitry Fedyaev (12pg), Rafsan Halim (12pd, 44-45), enifoto406 (13g), Biserko (ld), Intrepix (13pd, 33, 60), Alfi o Scisetti (16), Amidala76 (17), Peter Scholz (21), Warren Price (22-23), Marina Nabatova (23), Ferdinand Steen (24), Sergio Bertino (25), Koi88 (26-27), Amzphoto (26), Luisa Vallon Fumi (28-29, 61), Yuriy Brykaylo (34-35), Vladimir Babic (37), Goran Bogicevic (41), Jenifoto406 (43, 139), Beriliu (46), Maria Teresa Weinmann (47), Mikhail Markovskiy (48, 99), Eyewave (52, 53), Riccardo Brambilla (54), Manfredxy (55, 129), Jorg Hackemann (57), Plotnikov (58-59), Frank Gartner (63, 131), Boris Breytman (68), Rob Bouwman (69), Noppasinw (70), Hpdenecke (71), Mihai-Bogdan Lazar (72-73), Dragan Jovanovic (75), Editor77 (76, 147), Andreas Weber (78-79), Christa Eder (80), Filip Fuxa (81), Matthias Weinrich (82), Gkuna (83), Ermell (86), Holger Karius (87), Frankmerfort (88-89), Schaffer (90), Madmannix (91), Stanislav Riha (92), Dan Breckwoldt (93), Wirbnbrinf (95), Lukas Blazek (96, 104), Karelgallas (98), Brigida Soriano (100-101), Dirk Ellmer (103), Emanuele Leoni (105), Zoom-zoom (106, 117), Ermell (107), Lianem (108-109), Sarah_Robson (112), Angela Jones (113), Karelgallas (116), Wulwais (118), Hiro1775 (119), Akulamatiau (120-121), Peter Van Der Zwaag (123), Natalia Volkova (124), Inkwelldodo (130, 132-133), Alista21 (134-135), Peter Hansen (136), Nathalie Speliers Ufermann (137), Elena Makarova (140), Alexander Zweig (142-143), Marekusz (144-145), Jorg Hackemann (148), Celso Diniz (151), Tomislav Pinter (152-153)
Fotochannels.com/Corbis: Egon Bomsch (40), Angelo Hornak (115), Lisa und Wilfried Bahnmuller (122)
Indigoimages.pl: Manfred Bail (20)
Wikimedia Commons: Cybershot800i (49), Eloquence (50), Riggr Mortis (51), Pirkheimer (102)

Bielsko-Biała, 2016
Copyright © Wydawnictwo Pascal

Autorzy i wydawcy tego przewodnika starali się, by jego tekst był rzetelny, nie mogą wziąć jednak odpowiedzialności za jakiekolwiek skutki wynikające z wykorzystania podanych w nim informacji.

Wydawnictwo Pascal Spółka z o.o.
43-382 Bielsko-Biała, ul. Zapora 25
tel. 338282828, fax 338282829, pascal@pascal.pl, www.pascal.pl

Przewodniki dla firm i agencji reklamowych
creative@pascal.pl; www.pascalcreative.pl

ISBN 978-83-7642-834-5